JN084668

大阪大学新世紀レクチャー

大阪大学の歴史

高杉英一・阿部武司・菅　真城　編著

大阪大学出版会

大阪大学の歴史　目　次

I　はじめに

第1章　大阪大学の歴史を学ぶ人へ……………………高杉英一　2

第2章　帝国大学の成立と崩壊 − 高等教育制度史概観 −

……………………………菅　真城　13

第3章　待兼山に学ぶ…………………………………江口太郎　21

II　大阪大学の精神的源流

第4章　懐徳堂から大阪大学文学部へ………………湯浅邦弘　36

　コラム　大阪大学附属図書館と懐徳堂文庫…………湯浅邦弘　45

第5章　適　塾………………………………………芝　哲夫　48

　コラム　緒方洪庵の予防医学（牛痘種痘）活動……加藤四郎　56

第6章　適塾から大阪大学医学部へ − 明治以降を中心に −

……………………………多田羅浩三　63

Ⅲ　大阪大学の創設

第 7 章　大阪帝国大学の創設と理学部の新設………… 高杉英一　76
第 8 章　大阪工業学校から大阪大学工学部へ………… 碓井建夫　86
　　　　－大阪大学工学部・工学研究科の生い立ち－
第 9 章　旧制高等学校から大阪大学教養部へ
　　　　－大阪高等学校、浪速高等学校－ ………… 菅　真城　108

Ⅳ　その後の発展

第10章　法学部 ………………………………………… 中尾敏充　118
第11章　文学部 ………………………………………… 村田路人　128
第12章　経済学部 ……………………………………… 阿部武司　140
第13章　歯学部 ………………………………………… 脇坂　聡　150
第14章　薬学部 ………………………………………… 馬場明道　155
　　　　－ 4 年制から 6 年制の導入へ－
第15章　基礎工学部 ………………… 伊藤　正・久保井亮一　167
第16章　人間科学部 …………………………………… 小泉潤二　180
第17章　外国語学部
　　… 南田みどり・杉本孝司・高橋　明・三原健一・高階美行　191

Ⅴ　まとめ

第18章　大阪大学の目指すもの ……………………… 木川田一榮　202

大阪大学略年表 ………………………………………　210
編集後記 ………………………………………………　212
編者・執筆者紹介 ……………………………………　214

凡　例

1．原則として旧漢字は新漢字に改めた。

2．敬称は省略した。

3．年号は西暦を原則とし、必要に応じて和暦を補った。

4．出典の注記がない記述は、主として下記の沿革史および各章末に掲げた
　参考文献に依拠している。

大阪大学関係沿革史

1．西尾幾治編『大阪帝国大学創立史』恵済団、1935年。2004年に大阪大学
　出版会から復刻版を刊行。

2．大阪大学25年史編集委員会編『大阪大学二十五年誌』大阪大学、1956年。

3．大阪大学五十年史編集実行委員会写真集小委員会編『写真集　大阪大学
　の五十年』大阪大学、1981年。

4．大阪大学五十年史編集実行委員会編『大阪大学五十年史　部局史』大阪
　大学、1983年。

5．大阪大学五十年史編集実行委員会編『大阪大学五十年史　通史』大阪大
　学、1985年。

6．大阪大学紹介誌編集実行委員会編『OSAKA UNIVERSITY 60』大阪大
　学、1991年。

7．大阪大学創立70周年記念出版実行委員会編『大阪大学創立70周年記念写
　真集』大阪大学、2001年。

　上記は、全学を対象とした沿革史である。部局独自で刊行した沿革史につ
いては割愛した。このほか、大阪大学五十年史資料・編集室編『大阪大学史
紀要』第1号～第4号（1981年～1987年）が参考になる。

I　はじめに

第1章　大阪大学の歴史を学ぶ人へ

高杉　英一

　本書は、大阪大学の歴史を学ぶ事によって、大阪大学が現在行っている教育・研究そして社会貢献についての活動や考え方を理解し、大阪大学に誇りをもっていただくことを目的に作成された。ここではまず、大阪大学の目指すものを説明し、つづいて大阪大学の歴史を概観する。

1．大阪大学の目指すもの

　2008（平成20）年に、第16代鷲田清一総長のもと、「大阪大学の新世紀－大阪大学グラウンドプラン－」がつくられた。この冒頭には、

> 大阪大学は、江戸期に大坂の地に創設された適塾（1838）を原点とし、さらに遡って大坂の五商人によって開設された懐徳堂（1724）の精神を汲みつつ、学術と教育の機関として発展してきた。大阪大学は、この、藩校ではない市民による市民のための二つの学問所を精神的な源流としており、そのことを大きな誇りとしている。

と、大阪大学の源流としての懐徳堂と適塾が位置づけられている。これに続いて、

2

科学的精神とそれにもとづく徹底して合理的な知を追求すること、あわせて深い徳と豊かな教養を磨くこと。この二つをともにめざした適塾と懐徳堂の精神という希有な原点を、大阪大学はいまあらためて思い起こし、それを現代にふさわしく大きく飛躍させてゆかなければならない。「社会に開かれた学府」としての大阪大学は、「地域に生き世界に伸びる」というモットーのもと、次の三つの使命を果たしてゆく。

1 創発的研究と基盤的研究を両翼とするハイレベルな研究を推進することで国際的なプレゼンスを高めるとともに、企業・行政と強く連携しながら同時代の社会が抱え込んでいる諸問題に真摯に取り組むなかで、社会からの厚い信頼を得るよう努力する。

2 研ぎ澄まされた専門性の教育を深化するとともに、広い視野と豊かな教養をもち、確かな社会的判断のできる「賢明な」研究者・職業人を育てるためのいわゆる教養教育に、低学年から大学院にいたるまで一貫して力を入れる。

3 大学から多様な文化を発信・媒介するなかで、地域の文化機関、国際的な文化機関としての大学の役割を積極的に担ってゆく。

これらの三つの使命を、教職員から学生、卒業生まで、大阪大学を支えるすべてのメンバーが深く心にとめ、それぞれの場所からその遂行に取り組む。

と述べられている。こうした取り組みを通じて、「阪大スタイル」を築きあげてゆくことが求められている。

　大阪大学は"研究第一主義"と、研究を背景にした"教育"、さらに"社会とともに歩む意識"を強く表している。このことは、第11代山村雄一総長のときにつくられた大阪大学のモットー「地域に生き世界に伸びる」に直接的に表されている内容を受けたものである。

　グラウンドプラン（ground plan）は"基本構想"といった意味のもので、グランドプラン（grand plan）とは異なっている。大阪大学はさまざまな計画をえがき実行するための土台としての大阪大学の"過去"（歴史）をふま

えて基本構想をつくったのである。"現在"を直視し、"未来"へ向かって進んで行く際の指針となるべきものである。

　グラウンドプランの考え方には、大阪大学の精神的源流である懐徳堂や適塾、さらにそれを受け継ぐ大阪大学の創設の精神が流れている。その後大阪大学が法人化される少し前に、大阪大学憲章がつくられた。まず、大阪大学の"憲法"ともいえる大阪大学憲章から話すことにする。

（1）大阪大学憲章

　大阪大学憲章は2003年に制定され、11項目から成り立っている。その内容は、1．世界水準の研究の遂行、2．高度な教育の推進、3．社会への貢献、4．学問の独立性と市民性、5．基礎的研究の尊重、6．実学の重視、7．総合性の強化、8．改革の伝統の継承、9．人権の擁護、10．対話の促進、11．自律性の堅持、である。大阪大学グラウンドプランは、これらの内容を包括するものとしてつくられている。ここで、特に「実学の重視」がとりあげられている。内容は、社会の要請に応える教育研究を実践するといった意味だが、このために、基礎研究と応用研究のバランスが必要であることが重視されている。このことは、後で述べる大阪府知事による大阪大学創立の上申書のなかの一節、「工業進歩ノ根抵ハ是レヲ基礎的純正理化学ノ力ニ俟タザルベカラザル」（傍点筆者）の精神に基づいている。当時の状況では、大坂の産業界が基礎研究の活性化とその応用の大切さを訴えたことは、斬新な考えだったと思う。大学の研究において、常に社会との関係を意識して行うことが重要であることは、現在では当然のことである。

図1-1

（2）教育について　「教養」「デザイン力」「国際性」

　大阪大学は法人化の後、第15代宮原秀夫総長のもとに教育目標が明確に定められた。確かな基礎学力と専門知識の土台の上に「教養」「デザイン力」「国際性」を育むことを目指したのである。

　「教養」とは、一口で言うと広い視野に立った確かな社会的判断力のことで、「よき市民」としての「生きる力」とも言える。教養は、大学で科目を受講するだけで身につくわけではなく、生を通して学び身につけるものである。大学での学びはその一歩なのである。

　「デザイン力」は、自由なイマジネーションと横断的なネットワーク構成力のことで、総合的な構想を創造豊に生み出し、異なる分野または異なった立場を横断的に結びつける構想力のことである。社会でのリーダーとしては、特に求められる資質の1つである。

　「国際性」は、異なる文化的背景をもつ人をよく理解するためのコミュニケーション能力のことで、単に会話が上手であることを意味しない。語学をコミュニケーションの手段とし、異分野、異文化との円滑な交わりを行うことが重要で、このためには話す相手のバックグラウンドとしての歴史や文化を理解し、または理解しようとして会話をすることを心がける必要がある。会話は相手を理解しようとする所から始まるということを、常に頭に入れておく必要がある。

　このなかで特筆すべきは、デザイン力を教育目標として明示したことで、このことを直接的に教育目標として掲げた大学は当時なかった。ここでいう"統合"や"融合"、つまり分野の垣根を越えた研究活動は、大阪大学の創設以来受け継がれてきた基本的な考え方なのである。

　これらの3つの目標は相互に関係している。社会人として問題に直面したとき、いくつもの可能性を考えられること、そしてそれらの可能性を平等に見ることができること、これが大切なのである。複眼的にものを見ること、このことが新しい可能性を生み出す力となるのである。第15代宮原総長は、このような人を「柔らかい専門家」という言い方をした。

　大阪大学では「教養」の実現に向けて大学教育実践センターを、「デザイ

ン力」にコミュニケーションデザイン・センターを、「国際性」にグローバ
ルコラボレーションセンターを立ち上げ、3つの教育目標を達成するための
カリキュラムや様々な活動を行っている。学生諸君には、このような能力を
つけた人に育って欲しい、またこのような目標に向かって努めることが、大
阪大学独自の「阪大スタイル」を身につけることになると考えている。

（3）研究について　「基本」「ときめき」「責任」

　第16代鷲田総長は、グラウンドプランをつくるにあたり、研究する態度に
ついて、3つのキーワードを選んだ。「基本」を大切にし、「ときめき」のあ
る研究を行い、研究結果については、社会的「責任」をもつ、このことが重
要なのである。研究において新発見をし、科学の進歩に寄与することは大変
重要なことなのだが、その研究が応用され私たちの住む世界環境を害するも
のになってはならない。このことを深く心にとめ、必要に応じて発言してゆ
くことは、社会のリーダーとしての責任なのである。

2．大阪大学の源流 − 懐徳堂と適塾 −

　懐徳堂と適塾は大阪大学の精神的源流といわれているが、どういう関係が
あるのだろうか。懐徳堂との直接的な関係は「1949年に懐徳堂記念会が、蔵
書や遺品約4万点を、当時創設された大阪大学文学部に寄贈し、懐徳堂の任
を託した」ことが考えられるが、精神的には多くの学風を受け継いでいる。
まず、1724（享保9）年に大坂町人の5人が発起人となり創設した学校であ
ることがあげられる。発足の数年後には、江戸の昌平黌をしのぐ学生数を誇
り、「書生の交は貴賤貧富を論ぜず同輩たるべく事」と、学問を万人に等し
く開いたのであった。懐徳堂は、特定の学派・学説にとらわれない自由な学
風を誇りとする町人の教育機関で、独創的な学問と思想を展開した。三宅石
庵、中井甃庵、五井蘭洲、中井竹山、中井履軒、山片蟠桃、富永仲基らが活
躍した。

　大坂商人という言葉に代表されるように、大坂は商業の文化と思われがち
だが、自然科学についても大いに研究が行われたのである。実証的研究を学

間の対象とし、先人の説にとらわれない自由な思考を発展させた。例えば、1773（安永2）年に麻田剛立により人体解剖がなされ、これを懐徳堂の中井履軒が記録した文書が残っている。これは有名な解体新書が刊行される1774年の1年前のことだった。麻田剛立の弟子には、高橋至時や間重富がいるが、江戸の天文方に招かれ活躍した。また高橋は伊能忠敬の先生にあたる。井上ひさし著の『四千万歩の男』には、麻田の言葉として「いま在るものをすべて疑いなさい。どんなに偉い人がそれを言っていようと、（中略）一つ一つ自分の頭で考えてたしかめなさい。」と記されている。大阪大学は、このような懐徳堂と大坂の科学的精神を受け継いでいるのである。

適塾は、明治時代に医学校、さらに大阪医学校となり、1919（大正8）年に大阪医科大学になる。これは、早稲田大学や慶応大学が創設される1920年の1年前になる。この大阪医科大学が1931（昭和6）年に、大阪帝国大学の医学部へと発展する。こういうわけで、適塾は、名実ともに大阪大学の源流と言えるであろう。適塾は1838（天保9）年に、緒方洪庵により「新知識をもって世の中の人を救う」目的でつくられ、天然痘やコレラなどの疫病の治療と予防に心血を注いで優れた業績をあげた。適塾では、福沢諭吉、大鳥圭介、橋本左内、大村益次郎、長与専斎らが活躍し、本格的な西洋文明の摂取に精神的指導者の役割を果たし自然科学の発展に大きな役割を果たした。福沢諭吉著の『福翁自伝』には、「江戸にいた書生が折節大阪にきて学ぶ者はあったけれども、大阪からわざわざ江戸へ学びに行くというものはない」「物理学とは天然の原則に基づき、物の性質を明らかにし、その動を察し、これを持って人事の用に供する学問」と書かれている。大阪大学は、こうした自由な学問的気風や先見性を受け継いでいる。

3．大阪大学の創設

大阪大学は1931（昭和6）年に、医学部と理学部の2学部体制で創設され、1933年に工学部が加わった。大阪に官立総合大学をとの府民の要望は、大正末期より毎年のように政府に建言されていたが、1931年3月に閣議決定、衆

議院通過、貴族院で紛糾の末ようやく可決され、同年5月に発足の運びとなったのである。大阪大学の創設は難産であった。この緊縮時代に、京都大学が現存する今、大阪に大学を作る必要なしというのがおおかたの意見だったのである。大阪医科大学、塩見理化学研究所および大阪府が理学部創設の費用および創設後3年間の費用を負担する条件で開設となった。まさに地元がつくった大学といえよう。この意味からも、大阪大学と地元との連携が特に強いのである。医学部は大阪医科大学を、1933年に発足した工学部は官立大阪工業大学を前身としている。これらの2学部に対して、理学部は新たに創設されたものである。

　さて、2007（平成19）年に大阪大学と統合した大阪外国語大学についてであるが、その前身の大阪外国語学校の創設は1921（大正10）年である。大阪の実業家・林蝶子が、「大阪に国際人を育てる学校を」という理念のもとに、学校設置資金として、私財100万円を国家に寄付した。政府は、この寄付金を基に大阪市東区（区域変更により1925年4月1日以降は天王寺区）上本町8丁目の地に創設したのである。大阪大学と大阪外国語大学は、ともに民間の支援のもとに創設という背景を持っているのである。

　大阪大学に話をもどすと、大阪府知事の提出した大阪大学設置の上申書には、大阪の財界がいかに「基礎的純正理化学ノ力」を必要としたのかがよみとれる。このことの実現のために、理学部が新設されたのである。土星型原子模型の提案者として世界的に有名な長岡半太郎が総長に就任し「理学部に特色あらしめんとすれば（中略）理工の間に位する鼠色の学科に重きを措くが、創立当時の精神に適合する。」の理念のもと理学部の新設にあたった。特に、物理学科の創設には、主任に工学出身の八木秀次（八木アンテナの発明者）を配し、電子線回折で世界的な業績をあげた菊池正士を教授として招き、原子核物理学の実験を開始させ、さらに湯川秀樹や坂田昌一を採用したのである。多くの教授に30代の若手を起用し、講座の垣根を越えた自由闊達な研究を推進した。このような研究環境から、湯川秀樹のノーベル賞に輝いた中間子論が生まれたのである。この論文は、湯川が阪大に赴任してからの仕事で、湯川が書いた初めての論文であった。湯川は「大学の外では理化学研究

所の仁科研究室がその適例となったが、大学の中では阪大が、長岡半太郎総長や八木秀次主任の英断で、その先鞭をつけることになった。菊池教授を中心とする研究グループはほぼ2講座分を擁し、また研究費もそれ以上に多かった。」と回想している。こうして、大阪大学の原子核物理学の研究は一躍世界のトップに躍り出たのである。

　「理と工」の連携、自由闊達な研究、講座の壁を越えた協力体制、このような自由な雰囲気は研究者に受け継がれ、今日の大阪大学に受け継がれているのである。

4．受け継がれてゆくもの

　大阪大学は戦後になり文学部、法学部、経済学部ができ、また医学部から歯学部と薬学部が独立した。その後、基礎工学部が、また文学部から分かれて人間科学部ができた。そして、2007（平成19）年10月に大阪外国語大学と統合し、外国語学部ができた。このような大阪大学の歴史を学び、この流れの中から大阪大学の進もうとしている未来を考えてみて頂きたい。そして学生諸君はこの流れの中で大阪大学の精神を受け継ぎ、未来の大阪大学をつくって行く気概をもっていただきたい。ここで概観した個々の事柄に関しては、次章以下に書かれているので、詳しくはそちらを参照いただきたい。

〔資料1〕大阪大学グラウンドプラン
（前略）
研究　研究における「基本」と「ときめき」と「責任」を強く意識しながら、基礎研究に深く根を下ろしつつ、科学の新しい地平を切りひらくような先端的な研究をさらに推進する。また、同時代の社会が直面している困難な諸問題に真摯に取り組むことで、社会に対する科学研究の責任を全うする。
　研究の活力を最大限に発揮し、国内外の学術機関、企業、行政と強く連携しながら、世界最高レベルの研究拠点大学としての大阪大学の国際的なプレゼンスを高める。
教育　高度な専門的知識をもちながら、同時に広い視野と豊かな教養をもって、確かな社会的判断のできる研究者・職業人を育てるため、とくに高学年次における教養

　教育（大学院では、研究科や専門分野を横断する「高度副プログラム」）に力を入れる。そのために、実地での《フィールドワーク》を授業のなかに積極的に取り込みつつ、「教養」（広い視野に立った確かな社会的判断力）と「デザイン力」（自由なイマジネーションと横断的なネットワーク構成力）と「国際性」（異なる文化的背景をもつ人をよく理解するコミュニケーション能力）を伸ばすことで、問題を複眼的に見る資質を育む。

産学連携　"Industry on Campus" を標語として、産業界と大学とが連携して産業創出拠点を構築してゆくための制度設計と施設整備をおこなう。

社学連携　大阪大学21世紀懐徳堂を拠点とし、市民グループ・NPO の活動ならびに「企業の社会的責任」（Corporate Social Responsibility）の事業と協力して、多彩な文化・教育事業を推進することで、地域の文化機関としての大学の社会的責任を果たす。

国際交流　旧大阪外国語大学との統合の成果を活かして、「国際感覚」の涵養のための教育を強化する。そのために、まずは学生の外国語運用能力を飛躍的に高め、在学中に海外留学経験をもてるよう大胆な教育改革に取り組む。また、国際感覚をそなえた職員の養成をはじめとする学内の国際化、海外からの研究者・留学生の研究・修学・生活のための環境整備をおこなうことで、国際的な文化機関としての大学の責任を果たす。

キャンパス　キャンパスを、〈多様性〉と〈持続可能性〉のモデル空間として、また卒業後も想い出に残る心地よい空間として、整備する。
　中之島地区を大阪大学の第四のキャンパス「中之島キャンパス」として位置づけ、中之島センターを産学連携・社学連携の活動と社会人教育の拠点として再整備することで、大阪の文化と産業の活性化に貢献する。

大学運営　教育内容を充実させ、冒険的な研究に取り組み、社会連携事業を活性化するにあたって、市民や企業からの厚いサポートが得られるよう、宛先の明確な、そして受け手の側に立った広報活動を展開する。また、大学における教育・研究・社会連携の財政的基盤をより強固なものとするために、募金の推進と基金の確立に組織的に取り組む。

以上の、教育・研究・社会連携における九つの取り組みを、全国の大学のモデルとなりうるような「阪大スタイル」として確立する。そしてこの「阪大スタイル」の確立に、教員・学生・職員がそれぞれに積極的に参加することを通じて、「阪大人」「阪大生」としての確かなプライドを培ってゆく。

〔資料２〕 大阪大学憲章

大阪大学は、開学以来の国立大学という組織を離れて、国立大学法人として新たに出発する。かねて大阪の地に根づいていた懐徳堂・適塾以来の市民精神を受け継ぎつつ、「地域に生き世界に伸びる」ことをモットーとして、それぞれの時代の社会の課題に応えてきた。歴史の大きな転換点をむかえつつあるいま、大阪大学が国立大学法人として新たな出発をするこの機に臨み、将来の豊かな発展を期して、あらためて自らの基本理念を以下のとおり宣言し、大阪大学の全構成員の指針とする。

① 世界水準の研究の遂行

大阪大学は、人間そのものや人間が構成する様々な社会、及びそれを取り巻く環境や自然のあらゆる分野について、また、それら相互の関係について、その真理を探求し、世界最先端の学術研究の場となることをめざす。

② 高度な教育の推進

大阪大学は、次代の社会を支え、人類の理想の実現をはかる有能な人材を社会に輩出することを、その目標とする。

③ 社会への貢献

大阪大学は、教育研究活動を通じて、「地域に生き世界に伸びる」をモットーとして、社会の安寧と福祉、世界平和、人類と自然環境の調和に貢献する。

④ 学問の独立性と市民性

大阪大学は、教育研究の両面において、懐徳堂・適塾以来の自由で闊達な市民的性格と批判精神やその市民性を継承し、発展させる。学問の本質を踏まえ、いかなる権力にも権威にもおもねることなく、自主独立の気概のもとに展開する。

⑤ 基礎的研究の尊重

大阪大学は、すべての分野において基礎的・理論的な研究を重視し、世界水準の研究を自らの課題として、次世代においても研究のリーダーであることを標榜する。

⑥ 実学の重視

大阪大学は、実学の伝統を生かし、基礎と応用のバランスに配慮して、現実社会の要請に応える教育研究を実践する。

⑦ 総合性の強化

大阪大学は、総合大学としての特色を追求する。たんなる部局の集合体ではなく、人文科学・社会科学・自然科学・生命科学など、あらゆる学問分野の相互補完性を重視するとともに、新時代に適合する分野融合型の教育研究を推進する。

⑧ 改革の伝統の継承

　大阪大学は、つねに世界に先駆けて新たな学問分野を切り拓き、それに見合った教育研究組織を生み出してきた自己革新の伝統を継承し、絶えざる組織の点検・再編に努める。

⑨　人権の擁護

　大阪大学は、その活動のあらゆる側面において、人種、民族、宗教、信条、貧富、社会的身分、性別、障害の有無などに関するすべての差別を排し、基本的人権を擁護する。

⑩　対話の促進

　大阪大学は、あらゆる意味での対話を重んじ、教職員および学生は、それぞれの立場から、また、その立場を超えて、互いに相手を尊重する。

⑪　自律性の堅持

　大阪大学は、直面する課題に対し、構成員間の協調をとおして、自らの意思においてその解決を図る。

〔資料3〕大阪府知事の上申書

大阪ハ其ノ蔵スル経済力ト地ノ利ニヨリ、工業都市トシテ発展著シキモノアリ。今ヤ我国工業ノ中枢タリト雖モ、将来ニ亘リテ是ガ根抵ヲ培ヒ基礎ヲ確立スルハ、実ニ我国工業永遠ノ進歩ヲ策スル所以ナリ。而シテ工業進歩ノ根抵ハ是レヲ基礎的純正理化学ノ力ニ俟タザルベカラザルニ未ダ其ノ機関ヲ有セザルハ、我大阪ノ文教上、産業上ノ一大欠陥ナリト云ハザルベカラズ。今ヤ産業ノ合理化ヲ図ラザルベカラザルノ秋、速ニ理化学ノ蘊奥ヲ究ムベキ大学理学部ヲ設置シ、以テ工業界ノ啓発革新ヲ図ルハ刻下ノ急務ナリト信ズ。

（西尾幾治編『大阪帝国大学創立史』恵済団、1935年。2004年に大阪大学出版会から復刻版を刊行）

第2章　帝国大学の成立と崩壊
－高等教育制度史概観－

菅　真城

1．大学と専門学校－「正系」と「傍系」－

　現在のわれわれが学んでいる第二次世界大戦後のわが国の教育制度は、6－3－3－4の単線型である。これに対して、戦前のそれは複線型であった。「第二次大戦後、学制改革が行なわれる以前のわが国の高等教育制度は、大学・高等学校・専門学校という三つのタイプの学校から成り立っていた」[1]。このうち、高等学校は、事実上大学の予備教育機関であり[2]、実質上は大学と専門学校という2つの異なる類型の学校から成り立っていた。

　大学と専門学校では、中等学校との接続関係が異なった。中学校卒業後、高等学校を経て大学に入学する、これが「正系」である。一方専門学校の場合は、中学校卒業後高等学校を経ずに直接専門学校に入学するため「傍系」と呼ばれた。1918（大正7）年までの大学は、官立の帝国大学のみであった。一方、専門学校は、官立のみでなく公立・私立の場合もあった。政府がより重視した高等教育機関は、「正系」である大学であった。このように近代日本の高等教育は、大学と専門学校という二層構造からなっていたのである。

　「正系」にしろ「傍系」にしろ、高等教育機関に進学するのは極限られたエリートにすぎなかった。昭和初期の進学率をみると、「正系」の場合で該当年齢人口の1％未満、「傍系」でも2～3％にすぎない[3]。2004年の大学（短

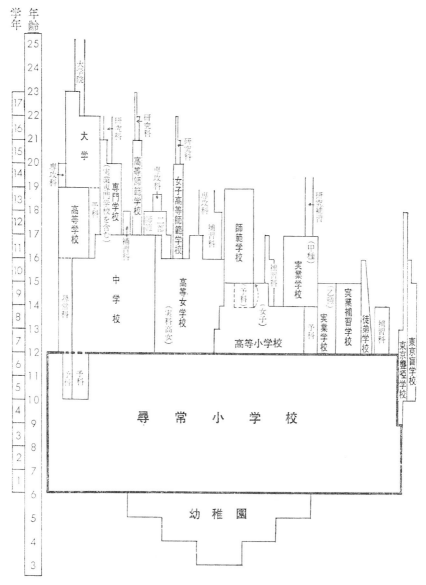

図2-1学校系統図（大正8年）

（文部省『学制百年史　資料編』ぎょうせい、1972年、338頁より転載）

期大学を除く）進学率が42.4％（男子49.3％、女子35.2％)[4]の現在とは全く異なる世界がそこにはあった。大学の修業年限は、一般には3年、医学部は4年であった。

現在と異なるといえば、帝国大学は原則として男子のみの世界であった。最も早く女子を受け入れたのは、1913（大正2）年に正規学生としての入学を認めた東北帝国大学であった。戦前の大阪帝国大学の場合は、1935（昭和10）年に最初の女子学生が理学部に入学し、その後理学部に1937年2人、1940年1人、1941年1人が入学し、いずれも卒業していることが確認されているにすぎない[5]。大学教育が女子に開放されるのは、戦後改革を経て新制大学になってからである。

2．帝国大学の成立と増設

1886（明治19）年、帝国大学令が公布され、東京に帝国大学が設置された。その前身は、1877年に設置された東京大学である。帝国大学令第1条では、「帝国大学ハ国家ノ須要ニ応スル学術技芸ヲ教授シ及其蘊奥ヲ攷究スルヲ以目的トス」と、国家のための大学であることが明記された。第2条では、帝国大学は大学院と分科大学（のちの学部に相当）から構成されるとされた。そして、帝国大学は、主として日本が近代化を進めるうえで必要な官僚養成の機能を果たし、政官財界のリーダーたちを輩出していったのである。

帝国大学は、法科・医科・工科・文科・理科の5つの分科大学で発足したが、後には農科大学も設置された。この帝国大学は欧米の複数の大学モデルを導入したものであったが、欧米とは異なる点もある。工科大学・農科大学といった実用的な分科大学を置いたのは、日本の大学の大きな特徴であった。帝国大学は、複数の分科大学からなる総合大学であり、政府は単科大学を認めなかった。

東京以後、帝国大学は各地に増設されていった。折田悦郎はこれについて以下のように述べている[6]。

1897年（明治30）の京都帝国大学を皮切りに、1907年（明治40）東北、

1911年九州、1918年（大正7）北海道、1931年（昭和6）大阪、1939年（昭和14）名古屋と置かれ、1924年（大正13）には植民地の京城、また1928年（昭和3）には台北にも設置された。その過程で地域利害の絡む大学誘致運動や大学昇格運動がなされることもあったが、設置の時期については、①京大の置かれた日清戦後、②東北、九大の置かれた日露戦後、③北大の置かれた大学令前後、④阪大の置かれた昭和初年、⑤名大の置かれた昭和十年代、といった区分が可能であろう。植民地を別にすれば、③以降の大学にはいわゆる文系学部が置かれず、帝大は理系の比重が大きい学校であったことが知られる。

このうち、次節で述べる大学令以後に設置されたのは大阪・名古屋の両帝国大学であり、この時期には既存の帝国大学にも学部等が増設されていった。

3．大学令の成立

　大学を上位とし専門学校を下位とする高等教育の二層構造は、専門学校の大学昇格という要求を生むことになった。まず、1902（明治35）年より一定の条件を満たした私立の専門学校が「大学」と称することが認められた。しかし、これらの自称「大学」が正式に「大学」になることが制度的に認められるには、1918（大正7）年制定の大学令を待たなければならなかった。なお、大学令制定に伴い、従来の帝国大学令は、大学令の下に帝国大学のみに適用される法令となった。

　大学令では、「大学ハ国家ニ須要ナル学術ノ理論及応用ヲ教授シ並其ノ蘊奥ヲ攷究スルヲ以テ目的トシ兼テ人格ノ陶冶及国家思想ノ涵養ニ留意スベキモノトス」と大学の目的が定められた。帝国大学令と同じく、国家のための大学という性格は維持された。

　そして、「大学ニハ数個ノ学部ヲ置クヲ常例トス但シ特別ノ必要アル場合ニ於テハ単ニ一個ノ学部ヲ置クモノヲ以テ一大学ト為スコトヲ得」と、大学の総合性は維持しつつも単科大学の設置を認めた。従来の「分科大学」に変わって「学部」を置くこととし、その学部は、法学・医学・工学・文学・理

学・農学・経済学・商学の8学部と定められた。旧制大学においては、これら8つ以外の学部は認められなかった。

　また、それまでの官立のみでなく、公立および私立の大学も認められることになった。大学令の眼目は、この点にあったともいわれている[7]。

　大学令によって単科大学の設置は法的には認められたものの、官立専門学校の大学昇格については、政府はきわめて抑制的態度を取った。医学専門学校を別とすれば、大学昇格を果たしたのは、工・商それぞれ2校のみであった。まず、1920年に東京高等商業学校が東京商科大学（現在の一橋大学）へと大学昇格を果たす。これに続いて1929（昭和4）年には、東京・大阪の工業専門学校と神戸高等商業学校が大学昇格を果たし、東京工業大学・大阪工業大学・神戸商業大学（現在の神戸大学）が設置された[8]。この背後には、各学校関係者や地元の熱心な大学昇格運動があったのである。大阪帝国大学設置にあたって、大阪工業大学は帝国大学への統合に積極的でなく、大阪帝国大学工学部として統合されるのは大阪帝国大学設置の2年後と遅れたが、この背景には専門学校から大学に昇格したばかりという事情もあったのである。

　最初に公立大学として認可されたのは、1919年に設置された大阪医科大学である。その歴史については第6章を参照していただきたいが、大阪府立高等医学校が大学昇格を果たしたのである（これに先立って、1915年からは「府立大阪医科大学」と称していた）。大阪医大は、1931年に大阪帝国大学が設置されると、同大学の医学部となった。このほか公立大学としては、愛知医科大学（のちの名古屋帝国大学医学部）、京都府立医科大学、熊本県立医科大学（のちの官立熊本医科大学）が設置された。公立大学の設置主体は当初「道及府県」に限定されていたが、1928年に「市」が追加され、大阪商科大学（現在の大阪市立大学）が設置された。

　私立大学は、1920年の早稲田・慶応を皮切りに、1932年までに32大学が設置された。

4．戦時体制

　第二次世界大戦の影響は、大学にも影を落とし、戦時体制が強められていった。労働力の不足を補い総力戦に協力するため、通常の学業を犠牲にした「学徒勤労動員」が行われるようになった。また、戦争遂行のため、学生・生徒の修業年限が短縮された。まず、1941（昭和16）年10月、大学・専門学校等の修業年限を3カ月短縮することが決定され、翌11月には、1942年度からこれに大学予科・高等学校を含めて6カ月短縮することが決定された。そして、兵役法で認められていた学生・生徒の徴収延期の特例も見直され、1943年からは徴兵年齢に達した男子の学生・生徒は理工系および教員養成諸学校を除いて、「学徒出陣」していった。

　一方、時局に応じた高等教育の整備も行われていった。このなかで大学は専門学校との違いをむしろ際だたせる形で質的充実がはかられ、大学は高等教育機関のなかでますます圧倒的な存在となっていった。また、大学内部の格差にも注意しておく必要がある。帝国大学は戦時下における充実策の恩恵を多く受け、それ以外の官公私立大学との格差を増幅させた。この格差もそのまま戦後に継承されることになった[9]。

5．新制大学の発足

　戦後改革により、大学と専門学校という戦前の高等教育の二層構造は制度的には解消されることになった。旧制の大学、高等学校、専門学校、師範学校などは整理統合され、新制大学へと移行することになったのである。新制大学の多くは、専門学校から転換したものであった。

　新制大学発足に先立って、1947（昭和22）年に帝国大学は国立総合大学令に基づいて国立総合大学と呼ばれるようになり、大学名から「帝国」の文字が消えた。大阪帝国大学は大阪大学と改称されたのである。

　新制大学は、1947年の学校教育法で法制化された。同法では、「大学は、

学術の中心として、広く知識を授けるとともに、深く専門の学芸を教授研究し、知的、道徳的及び応用的能力を展開させることを目的とする」と大学の目的が定められ、戦前の国家のための大学が否定された。

　新制大学は、まず1928年に12の公・私立大学が誕生した。次いで1949年5月31日、国立学校設置法が公布・施行され全国に69の新制国立大学が誕生した。これにより、旧帝国大学も国立大学の1つとなったが、その後もなお他の大学に比べて優遇されるという事態は続いた。

　戦後、大学は在学生数・大学数ともに急激な増加をみた。中野実によると、1950年から2000年までに、大学（大学院を含む、短期大学は除く、以下同様）の在学者数は、約22万3000人から約274万人まで増加し、約12倍になった。男女別にみると、男子は約20万6000人から約174万8000人に、女子は約1万7000人から約99万1000人に増加した。女子は実に約58倍も増加したのである[10]。

　国立大学は2004（平成16）年4月から国立大学法人となり、現在に至っている。

注

1）天野郁夫『高等教育の日本的構造』玉川大学出版部、1986年、24頁。

2）旧制高等学校については、第9章参照。

3）折田悦郎「帝国大学の歴史的役割と九州帝国大学の創設」新谷恭明・折田悦郎編『大学とは何か－九州大学に学ぶ人々へ－』海鳥社、2002年。

4）広島大学高等教育研究開発センター「高等教育統計データ集」http://rihe.hiroshima-u.ac.jp/data_category.php

5）「戦前の女子入学と大阪大学」『大阪大学史紀要』第3号、1983年。

6）折田悦郎「帝国大学の歴史的役割と九州帝国大学の創設」（前掲）、54頁。

7）文部省編『学制百年史』ぎょうせい、1972年。

8）1929年には、東京・広島の高等師範学校を母体として、東京・広島に文理科大学も設置されている。

9）米田俊彦「新制大学への遺産」久保義三・米田俊彦・駒込武・児美川孝一朗編『現代教育史事典』東京書籍、2001年。

10）中野実「1950年代以降の大学の量的概況」久保義三・米田俊彦・駒込武・児美川
　　孝一朗編『現代教育史事典』東京書籍、2001年。

参考文献

・天野郁夫『高等教育の日本的構造』玉川大学出版部、1986年
・天野郁夫『近代日本高等教育研究』玉川大学出版部、1989年
・海後宗臣・寺崎昌男『大学教育　戦後日本の教育改革第 9 巻』東京大学出版会、
　1969年
・久保義三・米田俊彦・駒込武・児美川孝一朗編『現代教育史事典』東京書籍、2001
　年
・新谷恭明・折田悦郎編『大学とは何か－九州大学に学ぶ人々へ－』海鳥社、2002年
・文部省編『学制百年史』ぎょうせい、1972年

第3章　待兼山に学ぶ

江口　太郎

はじめに

　大阪大学には、現在、吹田・豊中・箕面の３キャンパスがあるが、その中で3,500名を超える新入生全員が最初に学ぶ場所が待兼山周辺に広がる豊中キャンパスである。南北に２つの門があり、その北側の石橋門に至る坂道が、通称「阪大坂」と呼ばれ、阪大生のみならず近隣住民にとって最もポピュラーな通学路となっている。2005（平成17）年度には修景工事が行われ、面目を一新した。国道171号線と176号線の交差点（阪大下交差点）を50ｍばかり入った、その阪大坂の取り付け部分、標高77.3ｍの待兼山の麓の林間に、国の登録有形文化財（第27-0448号）にも認定されている待兼山修学館が建っている[1]。近年まで医療技術短期大学部本館として使われており、1931（昭和6）年に大阪帝国大学医学部附属医院石橋分院として竣工、３階建て2,422㎡の建物である。その待兼山修学館の内部は、2006-07年度の２年間にわたって大改修され、いまでは大阪大学の歴史を概観できる学内唯一の施設、総合学術博物館の展示場になっている。「大阪大学の歴史」の授業では、懐徳堂・適塾をその精神的源流とする学内のいろいろな部局の組織としての変遷や草創期に活躍した学者・研究者の紹介が中心になるであろうが、本章では、待兼山の自然や環境の変遷を中心とした総合学術博物館の展示を通して、少し異なる

写真 3 - 1　待兼山修学館

自然史的あるいは博物学的な視点から大阪大学の歴史を眺めてゆきたい。

1.　大学博物館の特徴

　展示の紹介に入る前に質問がひとつ。大学博物館と普通の博物館・美術館の違いをご存知であろうか。ここで、ユニバーシティ・ミュージアムとして求められている機能について簡単にふれておこう。最初に求められるのが、学内に散在する166万点を超える貴重な学術標本資料の保存と管理である。この「学術標本」が、大学博物館と一般の博物館・美術館と異なる点である。すなわち、その価値が専門家にしかわからない貴重な学術的資料(一般の方から見るとガラクタかも?)が大半を占めるのである。その学術標本からの学術的価値の新たな探索を行うことも求められている。さらに、大学の教養教育の一環として学術標本を用いた実物教育を推進し、大学ばかりでなく、小・中・高等学校や社会人など広く地域社会に学術標本資料や大学で行われている先端研究の成果をわかりやすく可視化して提供することも重要な役割にな

る。つまり、大学博物館においては、学術標本資料に関して「収集・保存」、「分析・活用」、「再現・展示」の科学を遂行することが主要な業務になる。

これらの機能を全部果たすためには、最低でも8,000㎡の博物館面積が必要になると試算されるが、待兼山修学館の面積はその約4分の1である。そこで、上述の3つの目標をすべて満たす施設を早急に整備するのは諦めざるを得ない。第1段階として、常設展示・企画展示を通じた社会貢献に資する「再現・展示」の機能充実を基本的な考え方とし、大阪大学のモットーである「地域に生き 世界に伸び

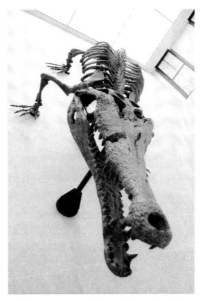

写真3-2　マチカネワニレプリカ

る」を具体化する「交流型ミュージアム」を目指すこととした[2]。

2．展示場ガイド

まず目につくのは、1-2階を吹き抜けにした玄関ロビーの壁面に取り付けられた全長7mにも及ぶマチカネワニのレプリカである。訪れた大多数の方が驚きの声を上げる。このマチカネワニが博物館、いや大阪大学全体の、目玉の1つであるといってよいだろう。その理由に関しては、3階展示場の説明の際に詳細に述べることにする。

その他1階には、2つの展示ゾーンを設けた。「世界にはばたく研究者」のコーナーでは、阪大在職中に書き上げた「中間子論」の論文で日本初のノーベル物理学賞を受賞した湯川秀樹と初代総長の長岡半太郎など大阪大学の草創期の研究者たちを紹介した。また、その草創期の熱気を知る大先輩6名のインタビュー映像も流している。ここの展示の詳しい内容は、第7章を参照

写真3-3　重要科学技術史資料・真空管式電子計算機

されたい。

　「コンピュータの黎明期」のコーナーでは、約半世紀前に工学部の城憲三などによって開発された真空管式電子計算機を、それまでに普及していた機械式計算機や、その操作法の映像とともに展示し、計算機の変遷をわかりやすく解説した。この真空管計算機は、2008年度に、わが国の科学技術の発展を示す上で貴重な資料として、国立科学博物館の「重要科学技術史資料（第00014号）」に認定されたところである。

　2階は2つの展示ゾーンで構成した。南側のウイングが「大阪大学の系譜」ゾーンである。本書と最も関係する展示といってよい。阪大の精神的源流とされる懐徳堂（1724年）と適塾（1838年）についての資料（レプリカ）および1931（昭和6）年に創設された大阪帝国大学にまつわる文書資料や旧制大阪高等学校と旧制浪速高等学校の資料を展示し、わが国有数の総合大学に発展した大阪大学の歴史を紹介している。懐徳堂については本書第4章を、適塾に関しては第5章を、さらに旧制高等学校に関しては第9章を、それぞれ参照されたい。また、文書館設置準備室の協力を得て、詳しい年表や10分間の映像も作

製されている。大阪大学の市民的で自由な学風の伝統を地域の方々に紹介するという意味ばかりでなく、大学内の教職員・学生にそのような大阪大学への愛着を感じて欲しいからである。

2階北側のウイングは「みる科学」のゾーンである。展示ストーリーのキーワードを「みる」として、学内から貴重な学術資料を集めることにした。大阪大学におけるミクロな世界の可視化への挑戦の歴史である。光学顕微鏡（コッホの顕微鏡の展示）による細菌の研究、電子顕微鏡（わが国初の電子顕微鏡1号機や3号機の展示）によるウイルスなどの

写真3-4　電子顕微鏡1号機とコッホの顕微鏡

観察、X線結晶構造解析によるシトクローム c のタンパク質結晶構造模型など、「みる科学」の歴史を展示した。主役の「モノ」ばかりでなく、そのモノを生み出した大阪大学の研究者群像にもスポットを当てている。

3．マチカネワニ

3階に上がると、北側にはマチカネワニの実物化石をはじめ、待兼山を中心にした地域の古環境や歴史を学べるゾーンがある。

ここで、なぜ、マチカネワニが大学教育実践センターや豊中市のマスコットキャラクターに選ばれ、大阪大学の宝物となったかを簡単に紹介していこう。マチカネワニは、1964（昭和39）年5月に豊中キャンパス・理学部の建築現場から発掘された、日本で初めて発見され、また日本で発見された中で最

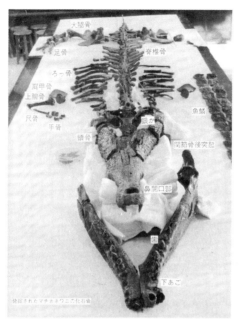

大腿骨
足骨
脊椎骨
ろっ骨
肩甲骨
上腕骨
尺骨
手骨
頭骨
眼か
関節骨後突起
鼻開口部
下あご
発掘されたマチカネワニ化石骨

写真3-5　発掘直後の実物化石写真

も完全なワニ化石である。頭骨だけでも長さが1メートルを超え、きわめて巨大なワニだ。日本の古脊椎動物学の最も重要なタイプ標本（標本番号:MOUF00001）の1つであり、数百万年前のヨーロッパにその起源をもち、現在では熱帯地方を中心に23種しか生息していないワニ類の進化を解明する研究においても不可欠な標本で、世界的にも注目されている。まさに古くて新しい大学博物館標本資料の典型例といって過言でない。

　マチカネワニの最初の研究論文は、化石発見直後の1965年に小畠信夫、亀井節夫らによって発表された。ワニの分類は、大きく分けて2種類あり、1つがクロコダイル科、もう1つがアリゲータ科である。彼らの研究により頭骨や上顎の歯の特徴（前から7番目の上顎歯が非常に大きい）からマチカネワニはクロコダイル科のマレーガビアル属（*Tomistoma*）の新種であると考えられ、トミストマ・マチカネンセ（*Tomistoma machikanennse*）という学名が付けられた[3]。その18年後、青木良輔はマチカネワニを再研究し、下顎の後方にある骨（間接骨後突起）の特徴から、マレーガビアル属ではないワニ属に近い新しい属であるとし、古事記に出てくるワニの化身の豊玉姫にちなんでトヨタマヒメイア・マチカネンシス（*Toyotamaphimeia machikanensis*）と命名した[4]。しかしながらこの二つの先行研究は、化石骨全体の特徴を記載・研究したものではなかったので、不完全なものであった。

　その発掘から42年の歳月を経て、2006（平成18）年になってようやくマチカネワニ化石骨格の完全記載論文が、北海道大学・国立科学博物館・大阪大学

の共同研究チームの小林快次らにより出版された[5]。上顎歯の7番目ではなくて12、13番目の方が大きいなど、48分類群の165形質を使って出土化石の詳細な系統解析を行い、マチカネワニはマレーガビアル亜科に含まれ、唯一の現生種(マレーガビアル *Tomistoma schlegelii*)の姉妹群に属することを明らかにした。学名的には2番目の論文で青木が付けた現在のもので OK であるが、分類の考え方としては小畠、亀井らの最初の論文を支持したことになる。この小林らの論文で、マチカネワニの系統研究に決着がついたかというと、そうではない。まだ、疑問点が残されているのである。DNA による系統樹(ガビアル亜科)と骨格の形質による系統樹(トミストマ亜科：マレーガビアル)との間に不整合がある。これに関しては、現在、マレーシアの大学でマチカネワニ化石の DNA 分析研究が進められている。しかし、こちらから送った化石試料の量が少ない(約10 g)ので、定量的分析は難航しているようである。

　さて、マチカネワニは、いつ頃に生息していたのであろうか。博物館では2006年12月10日に上述の小林らの論文出版を記念して、「マチカネワニのいた時代」と題して公開シンポジウムを行い、マチカネワニに関係する研究者が一堂に会して最新研究結果について討論した[6]。その結論を先にいえば、現時点でも生息年代は「45±5万年前」というところでまだかなりの幅がある。

　マチカネワニ化石が発見されたのは、「大阪層群」と呼ばれる有名な地層である[7]。およそ300万年前から氷河期と間氷期が約10万年周期で繰り返され、その度に大阪湾の海水面が100 mほども変動してできた地層で、海成粘土(Ma)層や火山灰層が積み重なってできている。その、新生代・中期更新世の地層(Ma 8 と Ma 7 に挟まれたカスリ火山灰層のすぐ上の炭質粘土層)から発見されたのである。化石が出てきたこれらの層準はいろいろな年代測定法で調べられているのだが、それでも誤差を±5万年より小さくするのはなかなか難しいようである。

　シンポジウムにおいてこの発見のときの様子を亀井は次のように話している。「南北方向に埋もれた径が34 cmで長さが4 mもある樹木の幹が発掘され[8]、その下から巨大なワニの頭蓋骨が姿を現した。頭蓋骨の下には、肢骨

写真 3 - 6　新しい復元図

や脊椎骨やヒシの実が挟まれていて、さらにその下には頭蓋骨とはズレた状態で下顎骨が埋もれていた。それらは、いずれも輝くような赤褐色をしていたことが印象に残っている」と。現在のレプリカとは全く異なる色合いだったようである。

　それでは当時の気候はどうだったのだろうか。千葉大学の百原新らはワニ化石が発見された大阪層群の植物化石の詳細な分析（スギ属、マツ属、ブナ属、ケヤキ、サルスベリ属、ハス、ヒシ属など種々の植物花粉の分布状況の計測）を進め、ワニが生きていた45万年前の植生や環境について新たな知見を得ている。それによると、現在と同じような温暖な気候であったらしい。つまり、マチカネワニは今ではめずらしい温帯性のワニだったことになるのである。当時、マチカネワニはいったいどんな生活をしていたのであろうか。

　その生息の様子に関しても面白い古病理学の研究が、岐阜県博物館の桂嘉志浩により行われている[9]。小林と桂の仕事をもとにして、つい最近の科学雑誌『ニュートン』（2008年 2 月号、88-93頁）に「化石を楽しむ！推理する！！」という記事が掲載された。マチカネワニ化石の実物をよく見ると、専門家でなくてもすぐわかる奇妙な痕跡が 3 カ所にある。まず、下顎の骨の先端部分が35 cm ほども欠けている。つぎに、右の後ろ足の 2 つの骨が大きくふくらんでいる。 3 番目に、縦横15 cm × 10 cm のウロコ（骨鱗）が32枚発見されて

いるが、そのうちの２枚に大きな穴があいている。これらの損傷あるいは傷跡は、生前にできたものなのか、死後、化石になる前にできたものなのだろうか。これらの３つの異常な点や長い口先や歯の特徴を手がかりに、古生物学的あるいは古病理学的に推理していく。このプロセスが『ニュートン』の記事に詳細に紹介されている。ここでは結論だけを記すと、おそらくこのワニは雄で、メスを争って少なくとも３回の大げんかをしていると推理されるのである。顎が欠けた後も傷跡が治癒するまで生きており、足の骨折が完全になおりきる（ふくらんだ仮骨がとれる）前に死んだ（つまり致命傷になった）と想像されている。

　さて、マチカネワニに関して、もう１つロマンを誘う話題を紹介する。前出のワニ研究家、青木良輔の説である[10]。現在中国にはおとなしい揚子江ワニ（アリゲータ科）のみが生息しているが、ほんの数百年前まで別の獰猛なワニが生息しており、それが、現在の熱帯産のマレーガビアルやイリエワニではなく、40万年前くらいに日本では絶滅した温帯性のマチカネワニらしいというのである。あの有名なマルコポーロの『東方見聞録』にもマチカネワニらしい動物が出現しているとのことである。紀元前1700年頃の温暖な気候の殷の時代の甲骨文字に「龍」の起源があり、紀元前900年頃の西周の人が最後の「龍」（獰猛なワニ）を目撃した。それがマチカネワニに違いなく、つまり、マチカネワニこそが、想像の動物であるとされる龍伝説の起源だというのである。博物館の１階ロビーの壁面に取り付けられたマチカネワニレプリカを見上げると、歴史時代の中国の人が龍と思ったのも頷ける。この青木の説は、2007年５月10日の朝日新聞夕刊の「魅知との遭遇」にも取り上げられた。青木の説はまだ「仮説」段階にあると思うが、このような話を聞くと、マチカネワニ化石の価値がますます高まってくる気がしないであろうか。

　最後に、マチカネワニ化石が発見されて以降、日本でもいくつかのところでワニ化石が発見されている。静岡県の谷下ワニ（推定体長3.5-4.0 m、12個体）、大阪府の岸和田ワニ（頭骨の一部など１個体）が有名である。これらのワニはいずれもマレーガビアル亜科に属すと考えられているが、最近のマチカネワニ骨格の研究の進展により、吻部の幅や頭骨の孔・縫合線の形などが異なるこ

とが明確にされている。キシワダワニは約60万年前の地層から見つかっており、マチカネワニよりも原始的なトミストマ亜科である可能性も考えられ、追加標本を得ることによる詳細な研究が必要になっている。さらに、上述の青木の仮説を証明するためには、中国におけるマチカネワニ研究の進捗も待たれるところである。このように、マチカネワニは最新研究にとって最も重要な参照標本になっているのである。どうであろうか、これで、なぜマチカネワニが阪大の宝になっているのかはおわかりいただけたと思う。

4．古墳時代から近世まで

　もう紙面がつきようとしているが、最後に駆け足でこの「待兼山に学ぶ」ゾーンの残りの部分を見ていくことにする。マチカネワニ化石に隣接するコーナーでは、待兼山周辺でその存在が確認されている古墳からの出土品などを展示している。大阪大学の埋蔵文化財調査室の最近の研究成果として、2005（平成17）年の待兼山周辺修景整備工事に伴う待兼山5号墳の発掘調査で見つけた珍しい埴輪類の全形復元も展示されている。待兼山5号墳は、古墳時代中期（5世紀後半）に築造された直径15ｍの円墳で、後世の破壊により埋葬施設は失われていたが、古墳の周りを区画した溝からは埴輪や須恵器の破片が大量に出土した。なかでも、もっとも大きな発見は大阪府下ではじめて馬と馬を曳く人物（馬曳）の埴輪がセットで確認されたことで、新聞にもその研究成果が大きく報道された[11]。

写真3-7　馬と馬曳き埴輪

　そのコーナの向かい側の壁面には、待兼山の地名の由来や地図の変遷を紹介したパネルがある。古墳時代から下って西暦1000年頃（平安時代）、清少納言は、『枕草子』で有名な山々の中に、「山はをぐら山。かせ山。みかさ山。このくれ山。いりたちの山。わすれずの山。

すゑの松山。かたさり山こそ、いかならんとをかしけれ。いつはた山。かへる山。のちせの山。あさくら山、よそに見るぞをかしき。おほひれ山もをかし。臨時の祭の舞人などのおもひ出でらるるなるべし。三輪の山をかし。たむけ山。まちかね山。たまさか山。みみなし山。」として、石橋近辺の待兼山や玉坂山[12]を取り上げ、新しい歌枕として宣伝（？）している。さらに、次のような古歌も、当時は知られていた。

　　　津の国の待ちかね山のよぶこ鳥　鳴けど今くといふ人もなし

（『古今和歌六帖』）

　呼子鳥という鳥が何を指すのか、古来諸説[13]あってよくわからないらしいが、この古歌を踏まえて、待兼山には、来ぬ待ち人を待ちこがれる情景になぞらえて、呼子鳥が鳴く様が詠みこまれている。

写真 3 - 8 　摂津名所図絵

　　こぬ人をまちかね山のよぶこ鳥　おなじ心にあはれとぞ聞く（『堀河百首』）

　この和歌が、待兼山を詠んだ和歌としては初めて勅撰和歌集『詞花集』に採択されたものである。このような経緯から、待兼山はつやっぽい趣のある歌枕として権威ある認知を得たことになる。さらに歴史を下り、江戸時代後期の1798年に出版された『摂津名所図会』には、待兼山の絵が掲載されており、歌枕としてのみならず当時は風光明媚な観光名所としても知られていたようである。なお、この図では「松」が多く生えているが、当時の村絵図をみるかぎりはアカマツの低木林で、待兼山の「待つ」にかけて誇張して描いたふしがある。

おわりに

　以上のほかに、里山としての貴重な自然を現在も残している待兼山の植生や昆虫などを紹介したコーナーもあるが、紙面もつきたのでここでは紹介を省略する。いずれにせよ、このような豊かな歴史・自然環境の中で「大阪大学の歴史」を学べる諸君は、幸せだというべきであろう。

注および文献

１）阪大坂を上りきったところにもう１つの登録有形文化財（第27-0290号）がある。共通教育本館（イ号館）で、1928（昭和３）年に旧制浪速高等学校本館として建てられた。

２）栗本智代「大阪大学総合学術博物館」『大阪人』Vol. 61, No. 11、2008年、28-31頁。

３）小畠信夫・千地万造・池辺展生・石田志朗・亀井節夫・中世古幸次郎・松本英二「大阪層群よりワニ化石の発見」『第四紀研究』第４巻、1965年、49-58頁、および N. Kobatake and T. Kamei, "The first discovery of fossil crocodile from central Honshu, Japan", *Proceedings of Japan Academy*, 42, 264-269 (1969).

４）R. Aoki, "A new generic allocation of *Tomistoma machikanense*, a fossil crocodilian from the Pleistocene of Japan," *Copeia*, 1 , 89-95 (1983).

５）Y. Kobayashi, Y. Tomida, T. Kamei, and T. Eguchi, "Anatomy of a Japanese tomis-tomine crocodylian, *Toyotamaphimeia machikanensis* (Kamei et Matsumoto, 1965), from the Middle Pleistocene of Osaka Prefecture: the reassessment of its phyloge-netic status within Crocodylia," *National Science Museum Monographs*, No. 35, 1 -121 (2006).

6)『大阪大学総合学術博物館年報2006』、29-47頁。

7) 市原実編著『大阪層群』創元社、1993年、 1 -240頁。

8) マチカネワニ化石は 1 体しか見つかっていないので、嵐のときに上流でこの流木と衝突して死亡し、一緒に河口まで流れ着いて砂に埋まって化石になった、という想像も可能である。

9) Y. Katsura, "Paleopathology of *Toyotamaphimeia machikanensis* (Diapsida, Croco-dylia) from the middle Pleistocene of Central Japan," *Historical Biology*, 16, 43-97 (2004).

10) 青木良輔『ワニと龍-恐竜になれなかった動物の話-』平凡社新書、2001年、1 -239頁。

11)『待兼山遺跡IV-大阪大学豊中地区・待兼山周辺修景整備工事に伴う埋蔵文化財発掘調査報告書-』大阪大学埋蔵文化財調査委員会、2008年。

12) 阪大下交差点の横に玉坂公園が今でもあるが、玉坂山がどの山であるかは定かではない。

13) 一説には「ホトトギス」。

Ⅱ 大阪大学の精神的源流

第4章　懐徳堂から大阪大学文学部へ

湯浅　邦弘

　大学の格式を測る尺度。その1つは、源流であろう。大阪大学は、江戸時代の中期に開設された懐徳堂という漢学塾を淵源とする総合大学である。

　1724（享保9）年、大坂の有力町人「五同志」は、龍野（現・兵庫県龍野市）出身の学者中井甃庵とはかり、三宅石庵（1665-1730）を学主（学長・教授）に迎えて学塾を創設した。その学校は、石庵により、「懐徳堂」と命名された。

写真4-1　CGで再現した懐徳堂玄関

写真4-2　三宅石庵による「懐徳堂」幅

（縦39.8cm、横83.7cm）

「懐徳」とは、『論語』里仁篇の「君子は徳を懐う」に基づくとされ、人間の
内面的な道徳心を重視する懐徳堂の理念を表している。大阪大学に保存され
ている「懐徳堂」幅は、石庵みずから筆をとって書いたものである。

　2年後（1726年）には、中井甃庵の奔走もあり、江戸幕府から官許を得、
正式に「大坂学問所」となった。ただ、その後も、「大坂町人による運営」「町
人に開かれた学校」という基本姿勢は変わらなかった。いわば、半官半民の
性格を持つ異色の学校だったのである。

　この懐徳堂が、どのようにして大阪大学につながっていくのか。その数奇
な歴史をたどってみよう。

1. 懐徳堂の隆盛と教育

（1）懐徳堂の聖賢たち

　懐徳堂は、江戸時代の後半約140年にわたって大坂学術の発展と商道徳の
育成に貢献した。一時は、江戸の昌平坂学問所と並ぶ隆盛を誇ったと伝えら
れている。

　懐徳堂の創設に尽力した中井甃庵には2人の子がいた。後に第4代学主と
なる中井竹山、その弟履軒である。この兄弟の登場によって懐徳堂は黄金期
を迎えた。関西を訪れる文人は必ず懐徳堂に立ち寄ったとされる。

　1788（天明8）年、中井竹山は市井の学者としては異例ながら、時の老中首座松平定信（1758-1829）と大坂城で会見した。竹山は定信の諮問に応じて、政治・経済・外交・教育などについて自説を披露した。その意見を『草茅危言』という書にまとめて幕府に献上。それは、定信による「寛政の改革」に大きな影響を与えたとされる。朱子学を官学とする、いわゆる寛政異学の禁も、竹山の意見と合致するものであった。

　その弟の中井履軒は、中国の古典について膨大な研究を重ねた。『周易』『詩経』『書経』などのいわゆる五経（儒家経典）に精密な注釈をつけ、数十年の歳月をかけて、その成果を『七経逢原』という書にまとめた。朱子学を基本にしながらも、独自の見解を多く盛り込んだ画期的な研究であった。

　また履軒は一方で、天体模型、人体解剖図、動植物図など、自然科学の分野についても先進的な業績を残した。特に、人体解剖図説『越俎弄筆』は、履軒が1773（安永2）年に著したものである。安永2年と言えば、杉田玄白らによる『解体新書』刊行の1年前にあたる。『解体新書』は版本（印刷本）として刊行されたため、日本史上に確固たる位置を占めているが、履軒のそれは、抄本（手書き写本）で普及しなかったため、この先進的な業績は、あまり知られていない。

　そのほか、後発の仏教学派ほど逆にその起源をさかのぼって唱えるという「加上説」を提起した富永仲基（1715-1746）、地動説や無鬼論（鬼神の存在を否定）という合理思想を説いた山片蟠桃（1748-1821）、日本初の貨幣史を記述した草間直方（1753-1831）なども、懐徳堂が生んだ近代的英知である。

　また、幕末の大坂を揺るがした「大塩の乱」で有名な大塩平八郎（1793～1837）も、幼い頃、懐徳堂に学んだという。ともかく、江戸時代の懐徳堂は、関西の「知」の拠点だったのである。

（2）懐徳堂の施設と運営

　懐徳堂の施設は、五同志の1人道明寺屋吉左右衛門（富永芳春）が、尼崎1丁目（現在の大阪市中央区今橋3丁目）にあった表口6間半（12m弱）、奥行20間（約36m）の私邸を提供したものである。その学舎は、1726（享保11）年

に、幕府の官許を得て隣接する校地を下賜（かし）される形となり、間口11間（約20m）、奥行20間となった。その際、講堂を修復するとともに、従来より三宅石庵が居住していた部分を右塾とし、また、新地部分に門と左塾を建て、預り人（あずかり）（にん）（事務長）中井甃庵を住まわせることとなった。さらに、東北隅に2間×6間の長屋を建て寄宿寮にあてた。これにより、懐徳堂は、講堂、右塾、左塾、寄宿寮を備える堂々たる学舎となった。

　このように、懐徳堂は名実ともに、当初から学校の体裁をきちんと備えていた。江戸時代の私塾の中には、儒者の狭隘な私宅を開放して学舎にあてていた場合もあるが、懐徳堂は、発足当初から、学校としての基本的な設備が整えられていたのである。

　次に、懐徳堂の構成員を確認してみよう。懐徳堂では、学務の最高責任者として学主1名を置いた。初代学主は三宅石庵であり、以下、2代目が中井甃庵、3代目が三宅春楼（しゅんろう）、4代目が中井竹山と続く。これを教務面で支えたのが「助教」である。現在の大学制度で言えば、准教授といったところであろうか。三宅石庵の頃、五井蘭洲（ごいらんしゅう）、並河誠所（なみかわせいしょ）、井上赤水（いのうえせきすい）らは助教として懐徳堂を支えた。

　一方、校務の最高責任者として預り人が置かれた。懐徳堂は、江戸幕府から校地をお預かりしているという意味で、事務長のことをこう称したのである。初代の預り人は、中井竹山の父甃庵である。

　受講生は、通学生と寄宿生とに大別される。残念ながら、懐徳堂には、受講生名簿が残っていないので、受講生数は未詳である。ただ、1726（享保11）年に、三宅石庵が開講記念講義を行った際の受講生名簿「浪華学問所懐徳堂開講会徒」が残っており、そこには78名が列挙されている。また、近年発見された中井甃庵の書簡によれば、その際の受講生の総数は100名であったと記されている。名簿に名前を記載されなかった人もいたのであろう。確かに、旧懐徳堂の平面図を参考にすれば、講堂や隣接する部屋のふすまを取り払ってしまえば、その程度の人数を収容できたと考えられる。

　また、寄宿生についても、名簿は残っていないが、1つの目安となる数字はある。懐徳堂は、1792（寛政4）年、市中の火災によって類焼する。時の

学主中井竹山はただちに再建に向けて奔走し、懐徳堂は、1795年から1796年にかけて再建された。その際、懐徳堂の東側に5つの寄宿舎が増設され、この学寮には少なくとも20〜30人は収容できたという。これにより、懐徳堂のおおよその受講生数が推測されよう。

　運営にあたったのは、大坂町人である。発足当初は、「五同志」と呼ばれた有力商人が、また、その後も「同志会」と呼ばれる町人たちが、商人の才覚を生かして懐徳堂の運営にあたった。

　当時の大坂には、官学や藩校はなかった。武士も、総人口の1割にも満たなかった。そうした中、町人が自ら出資して教育機関を設立し、運営していったのである。現代でも、企業の文化支援活動を「メセナ」と呼んでいるが、大坂町人による懐徳堂の運営は、まさにメセナ活動の先駆であった。

（3）懐徳堂の教育

　それでは、こうした経営に支えられた懐徳堂では、どのような授業が行われていたのであろうか。

　懐徳堂では、平日の講義を「日講」と呼んでいた。初期懐徳堂では、学主三宅石庵が講釈をあまり好まなかったことにより、助教の五井蘭洲、並河誠所、井上赤水らが日々の講義を務めた。日講のテキストは、四書（『大学』『中庸』『論語』『孟子』）および『書経』『詩経』『春秋』『小学』『近思録』など。休日は、毎月の1日、8日、15日、25日と規定された。

　1782（天明2）年、4代目学主に就任した中井竹山は、学主としての初の講義で、『論語』を講じた。また竹山は、『書経』『近思録』『大学』『左伝』などをとりあげ、休日を除く毎日、学主みずからの講義が精力的に行われた。

　なお、懐徳堂では、正式な講義の他、同志会や詩会といった自主的な勉強会も開かれていた。さらに、夜の講義の後に教授を囲む談義の場があったようである。懐徳堂では、こうして朝から晩まで、勉強が続けられたのである。

（4）懐徳堂の学則

　懐徳堂の学則は、壁書、定約、定書などとして堂内や学寮に掲示された。

写真4-3　1758（宝暦8）年制定の「定書」全3条

それらは伝統的な儒教道徳を背景としながらも、当時としては、かなり自由な精神を持っていたことが分かる。

　創建時の懐徳堂玄関に掲げられていた「壁書」には、職業活動の前提としての「忠孝」の重要性が説かれる一方、席次について、講義開始後に出席した場合は、武家方と町人との区別はないとされていた。また、1726（享保11）年制定の「謝儀」に関する規定では、礼をつくし気持ちを表して出席するのが第一であるから、貧しい者は規定にとらわれず、「紙一折」または「筆一対」でもよいと定めている。

　さらに、懐徳堂教育の在り方を示す代表的な定書として、「宝暦八年（1758）定書」が注目される。

　これは、懐徳堂に寄宿していた学生を対象として学寮に掲示されたもので、第1条は、懐徳堂の書生間の交わりについて、貴賤貧富を問わず同輩だとしている。「士農工商」という厳格な身分制度のあった当時においては、画期的な内容である。現代社会の教育理念を先取りするかのような崇高な精神を備えている。

　総じて、学校側からの高圧的な規定というよりは、学生相互の自律・自助を勧める内容となっている。

2．懐徳堂の閉校と再建

　この懐徳堂は、江戸時代の後半約140年にわたり、大坂学問所として君臨

したが、幕末維新の混乱により、1869（明治2）年に廃校となった。だが、その精神と蔵書とは2つの奇跡によって現代に引き継がれた。

　まずは、明治から大正にかけての懐徳堂記念会の活動である。明治維新の後、西洋化を急いだ近代日本は、たよるべき精神的支柱を見失っていった。そこで見直されたのが、ほんの数十年前まで、日本の知性を強力に支えていた漢学の伝統である。大阪では、政財界・言論界をあげて、懐徳堂の復興を求める声が高まった。中井家子孫の中井木菟麻呂（1855 − 1943）や、後に懐徳堂記念会の理事を務める西村天囚（1865 − 1924）などの活動もあり、1910（明治43）年、懐徳堂の復興と顕彰を目的とする懐徳堂記念会が設立された。

　翌1911年には、府立大阪博物場美術館において懐徳堂展覧会が開催され、懐徳堂の先賢を追悼する記念式典が挙行された。もと朝日新聞記者で、懐徳堂の顕彰に努めた西村天囚は、懐徳堂の歴史の通史である『懐徳堂考』を刊行し、記念会は、江戸時代の懐徳堂の重要図書を復刻刊行した。

　さらに、1913（大正2）年、記念会は財団法人として認可され、1916年には懐徳堂の学舎が復興された。これを重建懐徳堂という。重建懐徳堂では、安価な学費で講義を市民に開放した。まだ帝国大学がなかった大阪では、この重建懐徳堂が大阪の市民大学、文科大学としての役割を果たしたのである。

　また、1926年、鉄筋コンクリート造りの書庫・研究室棟が増設された。ここには、中井家子孫の木菟麻呂や懐徳堂関係者から寄贈された大量の貴重資料が収められた。懐徳堂は名実ともに大阪の市民大学となったのである。

　ところが、この懐徳堂を悲劇が襲う。1945（昭和20）年の大阪大空襲である。3月13日深夜から翌未明にかけて、米軍爆撃機B29の大編隊が大阪に殺到した。市内は、大量の焼夷弾により、焼け野原と化した。懐徳堂も、木造の講堂は全焼した。

　だがここに、2つ目の奇跡が起こった。鉄筋コンクリート造りの書庫・研究室棟は、災禍を免れたのである。しかも、火災後の復旧がきわめて慎重に行われた。当時、焼け残った建物についても、急に扉を開いたため、そこに大量の空気が流入して燃えあがる、バックドラフト現象を起こしたものが多かった。だが懐徳堂ではこのことに知恵の回る人がいて、十分に建物が冷え

てから扉を開いたため、中にはまったく火が入らなかった。こうして、懐徳堂の貴重資料は奇跡的に救われたのである。

3．大阪大学への継承

　そして、1949（昭和24）年、活動拠点を失っていた懐徳堂記念会は、これらの貴重資料を一括して大阪大学に寄贈した。阪大に文学部が創設されたのが、その大きな理由である。寄贈された3万6千点に及ぶ資料群は「懐徳堂文庫」と命名され、現在に至っている（現在の総点数は約5万点）。また、市民を対象とした公開講座も、記念会と大阪大学とが協力して継続されることになった。この実務を担当しているのは、文学部内に設置されている運営委員会である。

　昭和30〜40年代の資料調査を経て、1976年には、『懐徳堂文庫図書目録』が大阪大学文学部創立25周年事業として刊行された。これにより、はじめて

写真4-4　重建懐徳堂復元模型

懐徳堂文庫の全容が明らかになった。

　2001（平成13）年、創立70周年を迎えた大阪大学は、大学の源流として懐徳堂を顕彰すべく、江戸時代の懐徳堂学舎のＣＧを制作し（写真4-1参照）、貴重資料のデータベースをインターネット上に公開した。懐徳堂の電子情報化はその後も続き、懐徳堂研究の総合サイト「ＷＥＢ懐徳堂 http://kaitokudo. jp/」が2003年に公開された。

　また、2005年には、重建懐徳堂の復元模型（50分の1サイズ）が制作され、文学部玄関での公開が始まった。入学生や来学者は、ここで一旦足を止める。この模型は何なのか。そして知るのである。大阪大学に誇るべき源流があったことを。

参考文献

・懐徳堂友の会・懐徳堂記念会『懐徳堂－浪華の学問所－』大阪大学出版会、1998年
・湯浅邦弘編『懐徳堂事典』大阪大学出版会、2001年
・湯浅邦弘・竹田健二共編著『懐徳堂アーカイブ 懐徳堂の歴史を読む』大阪大学出版会、2005年
・湯浅邦弘編『懐徳堂研究』汲古書院、2007年
・脇田修・岸田知子『懐徳堂とその人びと』大阪大学出版会、1997年

コラム 大阪大学附属図書館と懐徳堂文庫

湯浅　邦弘

　2001（平成13）年8月25日夜、京都府南部を震源とする地震により、北摂地方は震度3～4の大きな揺れに見舞われた。

　週明けの27日月曜日、この影響により、附属図書館旧館書庫棟のエレベーターが作動しないとの報告を受け、私は、ことばを失った。その日は、懐徳堂文庫約5万点を、旧館の書庫6層から新館6階の貴重図書室へ移設する、その初日に当たっていたからである。

1．懐徳堂と大阪大学

　1949（昭和24）年、懐徳堂記念会から大阪大学に、懐徳堂資料が一括して

写真4-5　大阪大学附属図書館新館

寄贈されることになった。大正時代に再建された重建懐徳堂が、1945（昭和20）年3月の大阪大空襲により、コンクリート造りの書庫棟を残して焼失してしまったからである。

　懐徳堂の講義は、瓦礫の上の仮設テントの中で再開された。だが、事業の継続は困難となり、また膨大な書籍の管理は、緊急の課題となった。

　ちょうどその頃、大阪大学に法文学部が設立され、1949年に文学部として独立した。懐徳堂記念会は、これを機に、所蔵資料を一括して大阪大学に寄贈し、その事業も大阪大学との密接な連携のもとに行うことを決議したのである。

　これに基づき、大量の書籍・器物が中央区本町橋の焼け跡から、当時阪大本部のあった中之島キャンパスに、仲介に当たった古書肆中尾松泉堂のリヤカーによって次々と運び込まれた。

2．懐徳堂文庫の整理調査

　翌年、この膨大な資料群は、豊中キャンパスに移送され、受入先となった文学部によって順次、受入手続きが進められた。

　ただ当時は、部局としての図書館はあったものの、まだ本館は建設されておらず、これらは資料整理を経つつ文学部内の図書館分室（のち分館と改称）や関係研究室に分散収蔵された。懐徳堂文庫に「昭和26年支那哲学（現在の中国哲学研究室）」の受入印が多く見られるのは、そのためである。

　その後、1956（昭和31）年に、懐徳堂文庫は文学部から附属図書館に管理換となり、1960年、附属図書館本館の竣工によって、ようやくその一部が図書館に移転した。

　1970年からは、図書目録編纂のための総合調査が始まり、これに併せて、文学部内に残されていた資料も、順次、書庫棟第2層に配架されていった。調査の成果は、1976年、『懐徳堂文庫図書目録』（大阪大学文学部）として刊行されている。

そして1981年、附属図書館書庫棟が増築（3〜6層）され、懐徳堂文庫は第6層の貴重図書コーナーに移転し、以後20年間、その場を移動することなく21世紀を迎えたのである。

3．移転計画とその実施

　2000（平成12）年3月、附属図書館新館が竣工した。これにより、旧館に収蔵されている懐徳堂文庫を新館の貴重図書室に移転することとなった。

　その後、具体的な作業計画が協議・立案され、2001年8月21〜23日の器物梱包作業を経て、本格的な移転作業の初日、8月27日の朝を迎えたのである。

　午前中は、やむなく旧館書庫棟内の階段を昇降することとなったが、幸いに午後にはエレベーターも復旧、順次、移動が開始された。

　旧館書庫棟内には空調設備がなく、厳しい残暑の中での作業となった。資料を点検した後、キャスターに積載して約50メートル移動、エレベーターで降ろし、旧館2階から新館2階のエレベーターまでさらに80メートル移動。それを6階に運び上げて点検を経た後、順次配架という作業が31日までの5日間、延々と繰り返された。

　5万点近くの資料をわずか10名ほどの人員で移転し終えたことは正に快挙であったが、さすがに、最終日には全員の足どりが怪しくなった。

　こうして新館への移動を終えた文庫は、書架と器物棚に整然と配置された。名実ともに、大阪大学が誇りうる懐徳堂文庫の偉容が整ったのである。

　今回の移転は、懐徳堂文庫が旧館書庫棟6層に配架されてからちょうど20年、懐徳堂文庫が豊中キャンパスに移送されてから約50年ぶりの総合移転である。また中には、300年の時を経て新館6階にたどり着いた資料もある。

　それは単なる「もの」の移動ではない。懐徳堂精神の継承である。膨大な資料群とともに、その貴重な伝統を受け継いで行けるのか。我々に課せられた責務は、重い。

第5章　適　塾

芝　哲夫

1. 大阪大学の源流

　大阪大学のルーツは江戸時代に大坂の町に開かれた懐徳堂と適塾に遡る。適塾は緒方洪庵によって、1838（天保9）年に現在の大阪市中央区瓦町で創められたが、その7年後に過書町、現在の北浜3丁目の現在地に移った。1862（文久2）年に洪庵が幕府の奥医師に招かれて大坂を離れた後は、養子の拙斎が適塾の後を継いだが、1869（明治2）年に上本町4丁目の大福寺に大阪府によって医学校、仮病院が開設されて、その校長に洪庵の嗣子惟準が校長に、オランダ医ボードウィンが教頭となって適塾の学燈がつながった。この大阪医学校が大阪府立大阪医科大学を経て、1931（昭和6）年に大阪帝国大学医学部になり、同時に新たに理学部が新設されて、今日の国立大阪大学の出発となった。遡って適塾が大阪大学の淵源といわれる所以である。

2. 緒方洪庵の修学

　緒方洪庵は1810（文化7）年7月14日に備中、現在の岡山市内西北十数キロの足守に、木下藩の藩士佐伯惟因の3男として生まれた。足守は今でも地方の小さい町で、青雲の志を抱く洪庵は15歳の時に、大坂の足守藩蔵屋敷の

留守居役を勤める父に従って大坂に出た。その翌年に江戸参府旅行から長崎へ帰るシーボルトが大坂に立ち寄り暫く滞在したことがあった。生来身体が丈夫でなく、武士よりも医者の道で身を立てようと考えていた洪庵は西洋学の息吹を感じ取って、許しを得られない父に置手紙を置いて家を出て、蔵屋敷から程遠くない中天游の蘭学塾に入った。

その置手紙には「自分は元来柔弱で、武士の資格はないので、3年前から医の道に進みたいとひそかに考えていた。親不孝をどうか許して頂きた

写真5-1　緒方洪庵

い」と思いつめた若い心の決心が書かれている。洪庵16歳の時である。師の天游は蘭学といっても、天文、算学、視覚の物理学の書を著している蘭学者であった。ここで4年間みっちりと蘭書を読むことを修業して、師の天游にさらに江戸へ出て学を深めることをすすめられた。天游は「既往追うべからず、将来期すべからず、丈夫終身の業、必ず現今の時に決す」という励ましの言葉を与えて洪庵を送り出した。

江戸へ出ても親からの仕送りもなく、苦学を続けて入門した坪井信道は当代随一の蘭学者で、人格も高潔で、その塾へは全国から俊秀が多く集まっていた。さらには蘭医学の泰斗である宇田川榛斎にも師事して洪庵の学問は深まり、「人身窮理小解」「遠西医方名物考補遺凡例」「和蘭薬方」など重要な訳業を果たして、蘭学者の間にその名が知られるようになった。

1835（天保6）年、洪庵は江戸を発って、長崎への修学の旅に出た。現代流にいえば、一応学部、大学院を終え、外国留学へ出かける時期に当たる。鎖国の時代のわが国ではそのことはかなわず、せめてオランダ人が居て西欧の空気が味わえる長崎へ出かけたのである。この時、既にシーボルトは帰国

写真5-2　適塾

した後で、学者のオランダ人は居なかったが、同じ目的で来ていた青木周弼、伊東南洋とともに洪庵は「袖珍内外方叢」なる蘭医学書を訳している。

3．適塾の開設

　長崎遊学を終えた洪庵は1838（天保9）年に大坂へ帰ってきて、億川八重と結婚して、前に述べた瓦町、今の北御堂の西北方の地で医を開業するとともに、蘭学塾を開いた。既に洪庵の名は全国に知られていて教えを乞う者は年毎にその数を増した。洪庵はその頃、適々斎という号を用いていた。その名は「荘子」の中に出てくる「人の役に役せられず、自ら適するところにしたがって適す」の語からとられたという。人に強いられて行うのではなく、みずから自分の生き方はこの道をおいてないと思う道に進むという意味に解せられる自負の言葉である。この緒方塾を世の人呼んで適々斎塾、さらにつづめて適塾といわれるようになった。

瓦町の適塾はたちまち手狭となり、1845（弘化2）年に過書町の現存の適塾へ移った。この家は天王寺屋忠兵衛の持家で、大坂の町屋の遺構を留めた間口の割りに奥行の深い大きい家で、一介の学者が買えるものではなかったが、大坂の商人気質の天王寺屋の厚意で特に年賦、今でいう住宅ローンで洪庵に提供された。

4．緒方洪庵の著作

　この適塾を舞台にして洪庵の畢生の業、それは蘭書の翻訳を通じて新しい西洋医学の日本への紹介、当時のわが国を襲った疫病の天然痘とコレラに対する社会医療の実践、令名を聞き伝えて全国から集まってきた千名に及ぶ塾生の教育に力を注ぐのである。この洪庵の人柄と生涯を表す良い言葉がある。司馬遼太郎が「洪庵のたいまつ」という青少年に与えた文の中にある「世のためにつくした人の一生ほど美しいものはない。ここでは特に美しい生涯を送った人について語りたい。緒方洪庵のことである。この人は江戸末期に生まれた医者であった。かれは名を求めず、利を求めなかった。あふれるほどの実力がありながら、しかも他人のために生き続けた。そういう生涯ははるかな山河のように実に美しく思えるのである」の言葉である。洪庵を語りつくして止まない。

　洪庵の一生の著作は蘭書の翻訳を中心に十数著に及んでいる。しかし今と違って外国書の訳書の出版は政治的にも経済的にもきわめて困難な時代であったので、洪庵の刊行書は次の3件のみである。『病学通論』1849（嘉永2）年、『扶氏経験遺訓』1857（安政4）年、『虎狼痢治準』1858（安政5）年。

　『病学通論』3巻は洪庵が長年の蘭書の研究によって、病気の原理、すなわち病理学をはじめて紹介した画期的な書である。たとえばその巻之二の冒頭で疾病について述べた中で、「凡ソ人身諸器ノ形質缺ル所ナク、気血ノ循環滞ル所ナク運営常ヲ衛ル者ヲ〔健康〕ゲソンドヘイド　トシ其常ヲ変スル者ヲ〔疾病〕シーキテ　トス」と述べて、和蘭医学に基づいて健康と疾病の定義を下している。ゲソンドヘイドはオランダ語の gezondheid で、シーキ

写真 5-3　病学通論

テは ziekte である。さらにつづけてその運営が完全で過不及ないものを十全健康といい、疾病に至らなくても健康に欠けているものを帯患健康というと述べている。後者は一病息災であろう。因みにこの書は医書であるので、一般の人の眼にふれることはなかったが、明治になって弟子の福沢諭吉がその啓蒙書の中でこの「健康」の語を用いたので普及し、現代の健康語ブームとなったのであるが、とするとその発祥地は適塾であったということになる。

　『扶氏経験遺訓』の扶氏とはドイツのベルリン大学教授のフーヘランドの頭文字を取って漢字で表したもので、原書の *Enchridion medicum* はフーヘランドの長年にわたる内科診療の経験を書き残したものである。このドイツ書の蘭訳書を洪庵が和訳したのである。それは付録を入れて全30巻に及ぶ大冊で、洪庵はその著述に十数年を費やす努力を積んで自費で出版している。多くの病気についてそれぞれ、徴候、原由、治法を詳しく説いたものである。洪庵はその蘭訳書をよく理解した上で、決して字句の直訳でなく、よくこなれた解りやすい日本語として伝えている。洪庵の蘭学の実力がしみじみ味わえる名著で、日本の西洋医学の出発に大きい貢献を果たしたもので、当時の臨床医の必読書であった。

5．緒方洪庵の医業

　天然痘は奈良時代からわが国に発生していた疫病で、特に幕末には猖獗をきわめて、多くの幼児の命を奪った。しかし一度軽く罹って治ると免疫ができて再罹患を免れることが知られていた。当時、子を持つ親は其の児が一度

この病気に罹って治らなければわが子と思うなといわれたほど、その死亡率が高く、親の嘆きが絶えなかった。しかし蘭書を読む医者はイギリスのジェンナーが牛痘の膿を腕に植えつけると免疫ができて生涯天然痘を免れることが知られていたが、その牛痘はなかなか日本にまで届かなかった。1849（嘉永2）年になって、はじめて待望の牛痘がバタビアからもたらされた。この牛痘の接種はまたたく間に日本全国に伝わった。しかしその痘苗は数日以内に小児から小児の腕へ植え継いでいかねば絶えてしまう代物で、事実日本中に拡がった牛痘も数年経ってみるとほとんど皆絶えてしまった。その中にあって、洪庵は牛痘苗を手に入れるや、大坂の古手町にまず除痘館を設けて、その種痘事業で私利をむさぼるべきではない、医師の奉仕事業としてひろめるべきものであるとして、趣旨に賛同する者に免許状を与えて分苗するという制度を創設した。当時は病院のような公的医療機関はなく、医者は一対一で患者に対するのみで、医家の間の共同作業という習慣もない時代に洪庵が開いた除痘館に加入する医師は近畿、中国、四国に及び、記録に残るだけでもその免許を受けた者の数は168名に上った。そして一箇所で絶痘するとその近くの同志から補給するというシステムがうまく働いて、洪庵の除痘事業は明治に至るまで二十数年間も活動を続けることができた。遂に幕府は1858（安政5）年に種痘の官許第1号をこの大坂の除痘館に与え、洪庵の方式にならって開設された江戸お玉が池種痘所が後年東京大学医学部の出発の基となったのである。洪庵の創始したこのネットワークによる社会医療のシステムは洪庵の人柄とともにその先見性の素晴らしさを物語っている。

　1858（安政5）年に長崎から始まったコレラ禍は日本全国を襲う大流行となり、大阪だけでも死者1万人を超す大恐慌を来たした。人の命を誰よりも大切に思う医師としての洪庵はこの事態を静視するにしのびず、手許にあった蘭書のコレラの項を検討して急遽医者のコレラ対策を書いた『虎狼痢治準』を著して医家に配った。虎狼痢はコロリと読み、コレラをもじってコロリと死ぬ様を表す病名としたものである。しかしコレラの病原体の細菌がコッホによって発見されたのはそれから25年後のことであって、当時は適確な治療法は望むべくもなかった。その頃、長崎に来ていたオランダ医ポンペが日本

人の弟子に与えた「ポンペの口授」が洪庵のところへも送られていた。洪庵はポンペの推奨するキニーネの多用がこの薬品の払底をもたらすのを見て、『虎狼痢治準』の中でキニーネの使用はコレラの症状の進行度に従って調節すべきであるとポンペ説を批判した。ポンペの弟子の松本良順がこれを読んで、師を誹謗するものであるとして強い抗議文を洪庵に送ってきた。洪庵はこれを知り、直ちに謝りの手紙を良順に書いて、自分は病気のことばかり考えていて、人を心を顧みず辱めたことは慙愧に堪えない。松本君が言ってくれなかったら、自分は恥を後世に残すところであったと心から詫びている。公平に見て洪庵の論にも一理があり、反発があってもおかしくないのに、その言い訳は一切せず、ひたすら人の心を傷つけた不明を恥じてあやまっている。心からそう思える人はざらには居ないと思うと、ここにも洪庵の美しい心を垣間見た思いがする。

6．緒方洪庵の教育

　適塾は前後二十数年間に千人に近い若者がその門をくぐった。『適々斎姓名録』という入門署名録には636名の塾生名が記入されている。門下生調査によると、『姓名録』に記名していない者も多数にのぼるので塾生総数は千名に近いと思われる。適塾に入るには今のように入学試験があるわけではなく、修学年限も別に定まっていなかった。短い者は１年くらいから、長いものは10年近くも居るものもいて、平均は２、３年というところであった。塾生の等級は学力に応じて約十等に分かれて、実力次第で上の級に上がれる。５日に一度各級で会読が行われる。そのテキストも皆各自で筆写して会読の場で順番に読解する。初級では「ガランマチカ」や「セインタキス」という文法書を学ぶ。先輩の塾生が立ち会ってよく解読できたものには○、不出来な者には●、特によく出来た者には○の３倍にあたる△をつけて、評点を１ヵ月総計して、３ヵ月間トップの成績を続けた者が次の上の級に上がるという全くの実力主義が貫かれた。各自疑問の点があっても決して塾友に尋ねないというのが適塾の鉄則であった。福沢諭吉の「独立自尊」の精神もそのよう

な塾生生活から培われたのである。

　諭吉の『福翁自伝』によると、その頃塾生は皆、これ以上できないほど、朝から晩まで蘭書解読の勉強一筋であった。当時「江戸から適塾に学びに来る者はあっても、大阪から江戸へ学びにでかける者はない。行けば教える方であった。」と述懐している。上級の者は適塾の奥の間で時折洪庵の講義を聴く。諭吉はある時「今日の先生の講義の素晴らしさはどうだ。われわれは皆愚かになったような気がする」と語っている。洪庵はこのように塾生を教えることはあっても通常は塾生同士の切磋琢磨にまかせていた。それでいて、塾生の学力は進歩する。現在の教育制度では見られない自主独立の練磨であった。

　しかし洪庵は塾生一人一人にきめ細かい心の教えを生涯にわたって続けた。洪庵はフーヘランドの書から得た医者としての訓戒の言葉を書き残している。その「扶氏医戒之略」という13条から成る医者の心構えの第１条に「医の世に生活するは人のためのみ、をのれがためにあらずといふことを其業の本旨とす。安逸を思はず、名利を顧みず、唯おのれをすて、人を救はんことを希ふべし」と強く諭している。門下生に乞われるままに書き残した軸にはしばしば「富家一握の黄金と、貧者双眼の感涙と、其の心に於いて軽重如何ぞや」（写真5-4）という語を書き遺こしている。すなわち金持ちの患者を診て、一握りの黄金の謝礼を貰うのと、貧しい患者が両眼から感謝の涙を流すのと、その心がどちらが軽いか重いかという問いかけである。

　洪庵は筆まめで故郷へ帰った塾生からの手紙にも返事を欠かさなかった。その末尾の決まり文句は「人のため、世のため、国のため、道のため」の句のいずれかを必ずといってよいほど繰り返した。その言

写真5-4　書軸

葉を受けた弟子はその刷り込まれた言葉を忘れずに一生を送った筈である。

7．緒方洪庵の死

　こうして生涯この地大阪で弟子を育てながら、適塾の生活を続けるつもりでいた洪庵に思いがけずも幕府から奥医師就任の強い要請が来た。断りきれずに死を覚悟して江戸へ発った洪庵が適塾の壁に残した自画像に添えて和歌を書き残している。

　　よるべぞと思ひしものをなにはがた　あしのかりねとなりにけるかな

　一生寄る辺と思っていた浪華の地も、蘆の仮寝となってしまったとの哀愁の思いが籠められている。

　1862（文久2）年8月に大坂を離れて、江戸に着いた洪庵は法眼に叙せられ、奥医師、西洋医学所頭取の激務が待っていた。加えて格式ばった生活様式と体面上の少なからぬ出費が元来病弱の洪庵に重くのしかかってきた。江戸へ来て1年も経たぬ翌1863（文久3）年6月10日に突如大喀血で満52歳の生涯を閉じることになった。

8．適塾門下生の活躍

　洪庵の没後5年に明治維新が到来する。適塾を巣立った多くの門下生が、近代化を急ぐ日本の各方面で活躍する。その主な塾生の名前と業績を以下に列記してみる。洪庵と親子の情を交わし、その衣鉢を継いで慶応義塾を創設し、『学問のすすめ』『西洋事情』など多くの啓蒙書を著わした福沢諭吉、きわめて優れた才能を認められて越前侯松平春嶽に重用され、政争に巻き込まれて、安政の大獄で25歳の若い命を絶たれた橋本左内、洪庵を援けて『扶氏経験遺訓』を編集し、適塾南塾を経営した養子の緒方郁蔵、五稜郭で敵味方を分け隔てなく治療するわが国最初の赤十字活動を行った高松凌雲、洪庵が

明治まで生きていたら成し遂げたであろう日本の医学制度の整備や、衛生局創設を行った長与専斎、洪庵が頭取を勤めていた西洋医学所が発展して明治10年に設立された東京大学医学部の最初の綜理となった池田謙斎、幕府が崩壊し、明治政府が生まれる契機となった戊辰戦争を指揮し、明治になって国の兵制を創った大村益次郎、佐賀藩海軍を創設し、日本赤十字社のもととなる博愛社を創った佐野常民、韓国、清国、ロシアとの外交交渉に任じた花房義質、明治の外交界で活躍し、工業化学会会長となった大鳥圭介、読売新聞の創設に寄与した本野盛亨、筑波大学の前身の東京高等師範学校校長であった箕作秋坪、釜石に高炉による日本の近代的製鉄を始めた大島高任、統計学をわが国に導入し、国勢調査を始めた杉亨二、新潟のツツガムシ病を始めて報告した梛野謙秀、洪庵没後の適塾に住して、間接的な影響を受けた後にホルモン第1号アドレナリンを発見した高峰譲吉等々まことに枚挙にいとまがない。

9. おわりに

　適塾門下生の活躍がなかったら、今日の日本の姿も変わっていたであろうと思うと改めて適塾の偉大さを感得する。最初に述べたように、明治に入って、適塾に学んだ人々が中心となって、洪庵の息の惟準が校長となって出発した大阪医学校が連綿と続いて昭和になって大阪帝国大学になる歴史を顧みると、この大阪大学に学ぶ者はその源流の適塾に改めて思いを致し、緒方洪庵の心に触れて、将来の自負と誇りの糧としてほしいものである。

参考文献
・梅渓昇『洪庵・適塾の研究』思文閣出版、1993年
・梅渓昇『緒方洪庵と適塾』大阪大学出版会、1996年
・緒方富雄『緒方洪庵伝』岩波書店、1977年
・芝哲夫『適塾の謎』大阪大学出版会、2005年
・福沢諭吉『福翁自伝』岩波書店、1944年

コラム　緒方洪庵の予防医学（牛痘種痘）活動

加藤　四郎

はじめに

　緒方洪庵が医学分野で最も熱心に取り組んだのは当時猖獗を極めていたウイルス感染症である天然痘に対するワクチン（牛痘種痘法）の普及による感染予防であった。

　医学には治療、看護及び予防という3分野があるが、そもそも病気を起こさない予防医学の分野が最も重要なものである事は言うまでもない。さらに治療医学と比べて一般的には費用も安価であり、手技も容易なものである。これまで重篤疾患の原因となるウイルス感染症に対する予防ワクチンの開発とその普及により救われた患者の苦痛と人命の数は計り知れない。しかしワクチン被接種者は、ワクチン開発者や接種者にほとんど関心を示すことはない。

　さらに予防ワクチンは健常者に投与するので軽微な副作用でも大きい批判の対象となり、主作用である予防効果を評価されることはない。予防ワクチンの開発、改良、製造、普及に従事する者は、収益や世の評価を越えて、世のため、人のために尽くす仁術を行う者と言うことができる。ワクチンの最初の例が天然痘に対する予防ワクチン（牛痘種痘法）であり、緒方洪庵はわが国に牛痘種痘材料が伝来するや多くの困難を克服してその普及に盡瘁し、その感染予防とそれによる人命救助に甚大な貢献をした。

1.　天然痘とは

　天然痘は痘瘡（医学用語）、疱瘡、人痘などとも呼ばれるが、ポックスウイルス科に属するウイルスによる高熱、全身の発痘を伴う致死率の高い感染症である。経気道感染後、約12日の潜伏期を経て、高熱をもって発症し全身の皮膚に紅斑が発生するが、やがて丘疹、水疱へと進む。発症10日頃より15日

頃にかけて水疱は膿疱化するが、その頃より20〜30％が死亡する。幸い治癒に向かう時には膿疱は痂皮（かさぶた）となり脱落し、その跡には顔面を含めて痘痕（あばた）を残すがこれは生涯消えることはない。

　紀元前より人類の間で流行を繰り返し、その高い致死率により甚大な惨禍をもたらして来た。わが国での天然痘の記録は735（天平7）年の筑紫（九州）に始まる流行が最初のものであるが、その後頻回の流行があり多数の死者を出した。洪庵の生きた江戸時代にも人生の通過儀礼と称される程、広範な例年の流行があり、1857（安政4）年に来日した蘭医ポンペは「日本人の3分の1は顔に痘痕をもっている。」と記載している。

　後述するようにこの天然痘に対して多様な予防対策が講じられるが、1798年に英国のエドワード・ジェンナーにより開発され発表された牛痘ウイルスを用いるワクチン（牛痘種痘法）の普及によりわが国を含めて先進国の流行は次第に抑制されるに至った。日本では1955（昭和30）年までにほぼ制圧されるが、1974年の1人の海外罹患患者を最後に天然痘患者を見ない。しかし多くの開発途上国における流行は20世紀後半に至ってもなお持続していた。世界保健機関（WHO）による世界天然痘根絶10ヵ年計画が1967年に実行され、種痘の計画的普及により1977年に達成された。1980年5月8日、WHOは世界天然痘根絶を宣言するに至った。人類の文化史上の壮挙とも言うべきものである。天然痘は過去の病気となり日本では1976年以降種痘は行われていない。

　ところが1992年にソ連より米国に亡命したケン・アリベックにより驚くべき事実が明らかにされた。ソ連では1990年頃より生物兵器としての天然痘ウイルスの強毒株の大量生産を開始していたという。1991年ソ連の崩壊によりロシアに政治変換されたが、その際にこの計画は中絶されたものの、生物兵器製造に関係していた多くの者がこのウイルスを持ち出して多くの国に亡命して、それぞれの国で生物兵器としての天然痘を製造している可能性のあることなどが述べられている。日本では1976年以降は種痘は行われていないと

記したが、それ以前に種痘を受けた者も30年以上経過した現在では感染予防免疫は失われており、現代の日本人の天然痘に対する免疫力は江戸時代と同様と言える。すなわち天然痘は過去の疾患ではなく、現代の最も警戒すべき感染性疾患と言える。今こそその予防ワクチンを充分量備蓄してテロに備えるとともに、すべての医療関係者、防衛、治安関係者などには早急にワクチン接種を行うべきであろう。

２．天然痘の予防対策

（1）人痘種痘法

　古来、天然痘に１度罹患して治癒すると２度とは感染しない事が知られていた。そこで人為的に軽く天然痘に罹患させて、それ以後の天然痘の罹患を予防することを目指してインドと中国において人痘種痘法が開発された。種痘とは天然痘に対する予防接種であり、人痘種痘法と後述する牛痘種痘法があった。インドで行われていた人痘種痘法は腕の皮膚に天然痘の痘疱の膿をメスで経皮感染させ腕に限局した天然痘病巣を期待したものであった。この方法はトルコを経て英国に伝えられるに至った。中国式の人痘種痘法には４つの方法があったが、わが国に導入して主として用いられたのは、旱苗法という天然痘の痘痂を砕いて粉末にし、竹筒などを用いて鼻腔内に吹き込む方法であった。天然痘ウイルスそのものを用いるこれらの方法は極めて危険なもので、そのまま天然痘を発病して死亡する例などと共に、これが新たな天然痘の感染原となって流行を起こすこともあった。

（2）牛痘種痘法

　牛痘種痘法は、1798年英国のエドワード・ジェンナーにより開発され発表された。これは牛の天然痘である牛痘の痘疱材料を人の腕に経皮感染させるもので開発当初には容易には受け入れられなかったが、やがて有効性と共に安全性において極めて優れたものであることがわかり、人痘種痘法に代わっ

て世界的に用いられるに至った。ジェンナーが用いた牛痘材料が現代ウイルス学の立場より如何なるものであったか知る由もないが、少なくともWHOの世界天然痘根絶計画が実行される時各国で用いられたウイルス株は総てワクチニアウイルス（VACCINIA VIRUS）というポックスウイルス科のウイルスで牛痘ウイルスとは免疫学的に近縁関係にはあるが、異なる種類のウイルスである。

3. 緒方洪庵の天然痘予防対策

　前述したように江戸時代の天然痘の流行は著しいものがあり、『洪庵伝記』によれば洪庵が8歳の時に兄熊之助とともに天然痘に罹患したことが記載されている。

　わが国における人痘種痘法は中国式旱苗法が1789（寛政元）年に、続いてトルコ式経皮人痘種痘法が1793年に最初に行われた。牛痘種痘材料がわが国に伝来するのはジェンナーの種痘開発後ほぼ半世紀を経た1849（嘉永2）年であった。これは長崎の蘭方医モーニケが牛痘苗を痘痂で取り寄せたものであるが、直ちに京都に届けられている。

　洪庵は1840年以降には『扶氏経験遺訓』というベルリン大学教授フーフェランドにより著わされた内科書に接しているが、これには牛痘種痘法の有効性と共に安全性が詳述されており、わが国への牛痘種痘材料の伝来を渇望していたと思われる。『洪庵伝記』によると洪庵は1838（天保9）年に甥と姪にトルコ式経皮人痘種痘法を行っている。更に洪庵は弘化年代（1844 – 1848）にある商家の祖母の懇請により2歳程の孫の男児に中国式経鼻人痘種痘法を行ったが、その児は天然痘を発症して死亡した。その数年後に長崎より京都を経由して牛痘苗を入手することになるが、それ以前には選択の余地も無かったとは言え、洪庵の無念の思いを察することができる。

　洪庵自らが天然痘に罹患したこと、人痘種痘法の危険性を体験したことなどは、洪庵のその後の牛痘種痘法の普及に盡瘁した原動力にもなったのであ

ろう。洪庵は1849（嘉永2）年11月7日、大坂古手町（現、道修町4-7）に設け
た除痘館で京都に送られたモーニケの牛痘苗の分苗を受けて大坂の種痘活動
が発足した。最初この種痘活動は容易には受け入れられなかったが、人々を
説得し献身的な活動によりわが国最初の官許を得るに至った。古手町の除痘
館は手狭となり1860（万延元）年に尼崎町（現、今橋3丁目）に移転した。種
痘活動は大坂除痘館を原点に主として西日本全般に172の分苗所が設けられ
て行われた。

　これにより救われた人命の数は計り知れない。わが国における予防医学活
動の先駆的なものとなった。

参考文献

・加藤四郎「種痘伝来百五十年」『適塾』第32号、1999年
・加藤四郎「緒方洪庵と種痘」『適塾』第39号、2006年
・古西義麿『緒方洪庵と大坂の除痘館』東方出版、2002年
・『大阪の除痘館』（財）洪庵記念会、1983年

第6章　適塾から大阪大学医学部へ
―明治以降を中心に―

多田羅　浩三

はじめに

　適塾は、1838（天保9）年、緒方洪庵（1810-1863）によって開設された。洪庵は幕末期、西洋医学の紹介と実践、とくに種痘法の普及に大きな足跡を残した医師として、その名前を知らない人はいない。洪庵は、号を適々斎といったので適々斎塾、略して適塾とよばれた。緒方富雄の『緒方洪庵伝』によると、適々は「自分の心に適するものを適として愉しむ」[1] という意味であるとされている。当時、親に孝、君に忠という儒教精神が絶対とされる中で、適々というような考え方は極めて斬新なものであったと思われる。まさに大坂という町を背景として生まれた自由の心が、そこには表現されているように思える。そのような適塾の精神に惹かれて、全国の津々浦々から有為の青年が適塾に集まった。そして適塾に学んだ多くの逸材が、明治の時代、新しい国づくりにかけがえのない役割をはたした。

　適塾の塾生姓名録に名前のある人は、青森県を除く全ての府県にわたっており、その数は600名以上におよんでいる。そして歴史に名前を残したような人だけではなく、多くの人がそれぞれの地方にあって、とくに種痘の普及などに貴重な足跡を残している。

　本章では、このような誇り高い実績を有する適塾に始まり、新しい時代の

中で生まれた大阪医学校を経て、固有の伝統の上に刻まれてきた大阪大学医学部の歩みについて、以下に紹介したい。

1．適塾の風貌

　適塾が開設された頃の状況として、1827（文政10）年には、大坂東町奉行所与力であった大塩平八郎による藤田顕蔵らキリシタン・グループの検挙があり、適塾開設の前年、1837（天保 8 ）年にはその大塩平八郎の乱が勃発している。1828（文政11）年には、シーボルト事件が勃発した。そして1839（天保10）年 5 月に「蛮社の獄」が起こり、江戸の蘭学研究団体・尚歯会が摘発され、渡辺崋山は逮捕され、高野長英は自首、小関三英は自殺した。

　適塾は、このように社会が時代の固い扉を開くように、厳しくも新しい動きを見せるころ、1838（天保 9 ）年に自由を誇る町人精神の土地である、大坂に生まれ、終始、私塾として営まれた。

　福沢諭吉（1835-1901）は、『福翁自伝』の中で、次のように述べている

　　大阪はまるで町人の世界で、何も武家というものはない。従って砲術を遣ろうという者もなければ原書を取り調べようという者もありはせぬ。それゆえ緒方の書生が幾年勉強して何ほどエライ学者になっても、頓と実際の仕事に縁がない。（中略）名を求める気もない。（中略）これを一言すれば、西洋日進の書を読むことは日本国中の人にできないことだ、自分たちの仲間に限って斯様ことが出来る、貧乏をしても難渋をしても、粗衣粗食、一見看る影もない貧書生でありながら、智力思想の活発高尚なることは王侯貴人も眼下に見下すという気位で、ただ六かしければ面白い、苦中有楽、苦即楽という境遇であったと思われる。[2]

ここには、適塾に学ぶ塾生たちの意欲に満ちた心意気がいきいきと記されている。

　また長与専斎（1838-1902）は、『松香私志』の中で、「この塾は適塾と称へ、

四方より来り学ぶもの常に百人を越え、四時輪講絶ゆることなく当時全国第一の蘭学塾なりき」[3] と述べている。適塾は「当時全国第一の蘭学塾なりき」という言葉は、当時の適塾に対する評価を如実に示している。そして、適塾で学んだことに対する、塾生の高い誇りを代表している言葉であるように思える。

　全国から若い有志の連中が集まったということが適塾の最大の特徴である。そのような適塾には、中世の時代、ヨーロッパ各地から有志の連中が集まって誕生したイタリアのボローニヤ大学にも似た風貌が感じられる。このような適塾の開いた地平、理念が、塾生によって大阪大学、慶応義塾大学へと引き継がれたのである。

2．洪庵の教え

　洪庵は多くの蘭書を翻訳したが、なかでもベルリン大学内科学教授であった CW フーフェランド（1762 – 1836）が1836年に発表した内科書 *Enchiridion medicum*（医学必携）の蘭訳本の翻訳である『扶氏経験遺訓』はとくに有名である。フーフェランドは広く諸学派の長所を採択する代表的折衷家で、自然治癒力を重んじたヒポクラテス主義者であった。またドイツにおける種痘の普及に陣頭に立って尽力した。大小の論著は400篇をこえ、深い学識と豊かな経験に加え穏健優雅の品性を有する、時代の名医であった。[4) 5)]

　1836年はフーフェランドが亡くなった年であり、原本が著者が自分の人生の総決算として発表した本であったことをふまえて、本の名前は『経験遺訓』と訳されている。洪庵の有名な「扶氏医戒之略」は、このフーフェランドの書の巻末にあるものである。

　緒方家に保存されている「扶氏医戒之略」は横に長い巻軸仕立のものである。「安政丁巳春正月」（1857年）とあり、「右件十二章は扶氏遺訓巻末に附する所の医戒の大要を抄訳せるなり。書して二三子に示し、亦以て自警と云爾」と朱書されている。

　「扶氏医戒之略」には、貴賤を問わず、人びとへの愛を基本とすべきとした、

洪庵の医の心が感銘深く述べられている。例えば第2条の「富者一握の黄金を以て貧士双眼の感涙に比するに　其心に得るところ如何ぞや　深く之を思ふべし」は、人間愛を基本とした医学に対する深い理解に立った、洪庵の教えを今日にまで伝えている。

　ヒポクラテスは、西洋医学の父とされる、ギリシャ時代の医師である。彼の教えは、「ヒポクラテスの誓い」と呼ばれ、今日でも西洋医学を学ぶ、全ての医師への教えとして広く、継承されている。ヒポクラテスを深く敬愛したフーフェランドは、この「ヒポクラテスの誓い」にならって、この「扶氏医戒之略」を遺したと思われる。そうだとすれば、西洋医学の父とされるヒポクラテスの医の心が、洪庵によってわが国の医師にも伝承されたと考えることができる。このことは、わが国の医学の歴史を語るなかで、看過できない重要なことではないかと思われる。

3．適塾の心

（1）「適々」

　適塾に学んだ人たちの心は、次の福沢諭吉の詩に最もよく表現されていると思われる。この詩は、62歳の諭吉が自分の人生を回顧しての感慨を詠んだものとされている。

　　　適々豈唯風月耳　　　適々　あに唯風月のみならんや
　　　渺茫塵界自天真　　　渺茫たる塵界自ら天真
　　　世情休説不如意　　　世情を説くを休めよ　意の如くならずと
　　　無意人乃如意人　　　無意の人は乃ち如意の人

　洪庵への深い敬愛の念が、「適々」という冒頭の文字によって鮮やかに表されている。そして「渺茫たる塵界自ら天真」という言葉には、彼の有名な「天は人の上に人をつくらず、人の下に人をつくらず」という言葉を彷彿させるような、町人の町、大坂の適塾に学んだ彼の面目が躍如として示されて

いると思える。そして「無意の人」という言葉には、もくもくと働く一般の庶民に対する深い理解が示されているように思われる。

　この福沢諭吉の詩は、あまりにも有名であるが、1849（嘉永2）年、16歳の時に適塾に入り、3年後に福井に帰った、幕末の志士として高名な橋本左内（1834-1859）は、前川正名によると、25歳で亡くなるまでに460首近い大量の漢詩を遺している。そのうちに適塾時代の漢詩が23首存在している。その中に次のような詩がある。[6]

　　雪中探楳　分韻得庚　緒方氏席上
　　雪中の探梅、韻を分かちて庚を得たり。緒方氏の席上にて

　　黄金是蕋白瓊英　　黄金は是れ蕋　白瓊は英
　　籬外曬焉似我迎　　籬外に曬し　我を迎ふるに似たり
　　薄暮適逢風雪霽　　薄暮　適々　風に逢ひ雪はれたり
　　梢頭寒月不堪清　　梢頭の寒月　清きに堪へず

　左内が適塾で詠んだ、この詩について、黄金色のおしべとめしべ、白い玉のような花びら、その梅の花が、まがきの外にあふれている、というのは、塾生の活発で、潑剌とした姿のことであり、その空気が「風」となって、適々、たまたま、雪を払い、梅の木の梢頭の月が非常に美しいと詠った、その月は、洪庵を暗示しているに違いない。

　感動的なのは、福沢諭吉の先の「適々」の詩は、この左内の詩を受けているのではないか、と思えることである。左内が、塾生の活発な姿を「風」、師の洪庵を梢頭の美しい「月」と詠んだのを受けて、諭吉の「適々　あに唯風月のみならんや」は、「適々」なのは、左内のいう「風」のような塾生、「月」のような洪庵だけだろうか、いや「渺茫たる塵界自ら天真」、名もなく、形ある姿もない、無数の庶民もまた、自ら天真爛漫、「適々」なのではないか、と詠ったのではないか。そして、唐突にさえみえる「世情を説くを休めよ意の如くならずと　無意の人は乃ち如意の人」は、世情を説いて、処刑され

た悲運の左内を意識して、頑固に、諭吉は「無意の人」は「如意の人」と詠っ
たのではないか。そうであるとすると、諭吉のこの詩は、新しい時代の扉を
開けることを目指して早世した、塾の優れた先輩に対する深い畏敬と哀悼の
気持ちを込めた詩であったと思われる。

　このような適塾に学んだ人たちの心こそ、適塾から大阪医学校へ、そして
大阪大学医学部に継承されてきた心のはずである。

（2）人間の発見

　諭吉の父、福沢百助（1792 – 1836）は、彼の『呆育堂詩稿』（1818-1832）の
冒頭に次のような詩を載せている。[7]

　　戊寅二月、門に乞食する者あり。出でて之を観れば、則ち肢體怪異、
　　両足指なく、脚腕研槌のごとし。人多く之を哀れみ銭米を与う。
　　予因って慨然として感あり。

　　ああ　爾が故郷は何処の民ぞ　四方に餬口して晨より昏に至る
　　一杯の藜羹すら得るは易からず　骨は垢面に立ちて菜色あり
　　両手　地に拠りて僅かに膝行す　さながら鳥の羽翼をそこなうがごとし
　　躄者　槃跚としてなお徒をなすも　走ること黄犢のごとき
　　あによくすべけんや　街上　道遠くして進むに力なし
　　眼を張り頭を挙げて幾たびか息をめぐらす
　　借問す　爾 何の前因かありて　天地もまた斯のごときの人を生ぜしや
　　百年　孤独　托する所なし　兄なく弟なく親姻なし
　　襤褸は百たび結び　饑は旬を兼たり　初めて知りぬ人間行路の難
　　今のごとき爾に比すれば艱辛なし　憐む爾が百薬の愈すに術なきを
　　また恨む貧家の振恤するを　きみに寛政あり 爾 傷むなかれ
　　常に明詔をくだして廃疾に及ぶ

　この詩には、身分、階層を越えたところに、極めて客観的に人間というも

のを対象化した近代人の視点というものが存在している。この詩は、人間というものを発見したわが国の最初の詩ではないかと思える。つまり、諭吉の父はわが国の最初の近代人ではないか。この詩をよんでいると、このような父の人間愛に満ちた心が、洪庵の「適々」の教えにいつも重なり、近代の日本を導いた諭吉の思想をつくったのではないかと思われる。

（3）自愛心・人民の心

　長与専斎は、1871（明治4）年、岩倉具視を団長とする欧米使節団に参加して、その際、学んだことをもとに1874年、医制の公布を行い、わが国の医療制度、公衆衛生制度の基礎をつくった人である。専斎は、1854（安政元）年に適塾に入門、1858（安政5）年福沢諭吉の後、塾頭を務め、1861（文久元）年に長崎に遊学し、ポンペについて蘭医学を学んだ。その専斎が、1883（明治16）年の大日本私立衛生会の発会式の祝詞の中で、次のように述べている。「公衆衛生法ハ多クハ政府ノ法律トナリ社会ニ行ハルヽモノナリ　然レドモ衛生ノ極意ハ畢竟無病長命ヲ求ムルニ自愛心ニ外ナラザレバ　或ハ之ヲ生理学医学ヨリ生シタル一種ノ宗教ト謂フモ可ナリ」、また「他事ハ知ラス衛生ノ事ニ限リテハ人民ニ其心ナクテハ　如何ナル善美ノ法律アリトモ　到底其成績ヲ収ムルコト能ハザルハ理論ニ於テモ断ジテ疑ヘザルコトナリ　故ニ余ハ公衆ニ衛生ノ思想ヲ浹洽（ショウコウ）セシムルヲ以テ　大日本私立衛生会ノ一大要旨ナリト信ズ」[8]。こうして日本の近代衛生制度の確立にあたり、長与専斎が「自愛心」あるいは「人民の心」といって、新しい社会における各個人の自立した役割を重視したことは非常に重要である。そこにこそ適塾の心が継承されているように思われる。[9]

4．適塾から大阪医学校へ

　適塾は、1838（天保9）年、緒方洪庵によって開設された。1849（嘉永2）年11月7日、洪庵が設置した大坂除痘館において分苗式が行われ、種痘事業が開始された。1867（慶応3）年4月、除痘館が幕府の種痘公館となった。

1862（文久2）年、洪庵は幕府奥医師に任命され江戸に向い、翌年、江戸で亡くなった。そして1868（明治元）年頃、適塾の歴史が閉じられた。適塾の「姓名録」には、青森1県を除いて全国の各都道府県から集まった637名の門下生の姓名が入門順に記されている。再入学した者が1人あるので、実人数は636名である。

　1868（慶応4）年閏4月、明治天皇の大阪行幸に際し、病院建設の沙汰書が大阪裁判所に下された。これを受けて、政府は緒方郁蔵を病院取建御用係に任命した。1869年2月、大阪府は蘭医ボードインに当分の間、仮病院（上本町大福寺）において治療と医学伝習を行うよう辞令を発した。一方、政府はオランダ留学帰りの緒方惟準に対し、当分大阪にいるボードインを助けて病院および伝習の御用を行うよう命じた。仮病院の運営は、緒方郁蔵や緒方拙斎ら適塾塾生であった人たちを主力とする医師団によって担われた。

　1869年7月、鈴木町代官屋敷跡に大阪府病院（現在の国立病院機構大阪医療センター東南部にあった）が竣工し、仮病院は廃された。ここでの日課は、毎日6時より8時まで緒方惟準の講義、8時から10時までボードインが講義し、10時から12時まで入院患者診察、12時から外来患者診察、夜6時から再び緒方の講義が行われた。生徒数は150〜160名であった。

　1869年11月、病院西隣り空き地に、大阪府医学校が開校した。1870年2月、大阪府医学校が大学の管轄になり、大阪府医学校は大阪医学校と改称された。1870年4月、種痘公館が大阪医学校病院の付属種痘館となった。適塾がその歴史を閉じた後も、洪庵によって開かれた大坂除痘館が幕府の種痘公館となり、こうして明治の時代になり、大阪医学校病院の付属種痘館となった。だとすれば適塾の学燈は、こうして大阪医学校の種痘館を通じて、今日にまで継承されていると考えることができる。東京大学医学部が、1858（安政5）年、伊藤玄朴、大槻俊斎らによって開設されたお玉が池種痘所を源流としているのに似ている。

　1870年6月、ボードインが契約満期となり、10月に帰国した。同年、夏、エルメレンスが着任した。

　1871年、大学が廃止され、文部省が設置された。1872年8月、第4大学区

医学校と改称され、9月、学制改革により医学校・病院ともに廃された。

1873年2月、西本願寺津村別院に大阪府病院が設立され、教授局が付設された。3月より教師エルメレンスによる日講が開始された。ここでの教育は、大阪府医生徒教導規則「今般府内有志輩ノ力ヲ合セ病院ヲ建営シ、院内教導ノ席ヲ設ケ、生徒ヲ教授スルニ付、苟モ医ニ志ス者ハ老少ヲ選バズ、入学学業勉励、司令ノ職ニ適スル事ヲ庶幾スベキ事」によって行われた。教師の講義は午前8時に開始、薬性論を主に生理学・病理学に言及し、土曜日は原病各論を講じた。生徒は府の内外を問わず、開講年の末には300名に達した。エルメレンスの病院内外における信望は非常に高かったが、1877年6月に帰国した。後任として、同年8月、マンスフェルトが着任、1879年3月帰国した。マンスフェルトは、ボードインの後任教師として、長崎精得館に就任以来、熊本、京都を経て、大阪にいたった。在任の間に行った病院規則および教導規則の改革はみるべきものがあったとされている。新しい医学校の創設に対し、3名のオランダ人医師による、かけがえのない指導のあったことは特記すべきことであろう。彼らによって多くの医師が養成され、1879年になって教育、診療のすべてが日本人の手に帰した。

5．大阪大学医学部へ

1877（明治10）年、大阪府病院の新築移転に対し、中之島の旧広島藩蔵屋敷跡が選定された。1879年3月、中之島常安町に洋式の尖塔を中央に配した華麗な建物が竣工した。大阪府病院が、4月1日大阪公立病院と改称され、開院した。教授局が設置され、生徒100名を募集し、86名を採用した。1880年3月、教授局が独立、府立大阪医学校が設置された。大阪公立病院を府立大阪病院に改め、医学教育重視の施策を採用した。

1888年1月、府立大阪病院を廃して医学校に包摂し、府立大阪医学校が大阪医学校と改称された。1901年6月、大阪医学校が大阪府立医学校と改称された。

1903年、文部大臣が専門学校令を公布し、東京帝国大学と京都帝国大学以

外の高等教育機関をすべて専門学校とした。これに応じて大阪では、1903年
4月まず官立の大阪工業学校を大阪高等工業学校と改称し、同年9月、大阪
府立医学校を改称して大阪府立高等医学校、1904年3月には市立大阪商業学
校を改称して市立大阪高等商業学校、1905年1月に関西法律学校を改称して
関西大学、以上の4校が専門学校として認可された。こうしてわが国の高等
教育の体制が整備されてきた。

　大正時代に入ると、文部省にはたらきかけ、医科大学昇格運動を起こし、
1915（大正4）年10月、府立大阪医科大学と称することが認められた。1917年、
病院本館より出火、病院および大学本部・予科教室を焼失した。1919年11月
に大学令による公立単科大学認可の第1号として大阪医科大学が正式に発足
した。

　1931（昭和6）年5月、大阪帝国大学医学部が創立された。1933年4月、
大阪帝国大学の入学式で初めて医学部、理学部、工学部の3学部がそろい、
医学部97名、理学部43名、工学部125名、合計265名が入学した。

　1947年9月30日、政令204号によって帝国大学が国立総合大学に改められ、
大阪帝国大学の名は大阪大学となり、大阪大学医学部が発足した。

　1949年5月から、新制大学が発足した。この年、医学部に薬学科が設置さ
れた。1950年度に医学部に歯学科が増設された。

　1955年7月、大学院医学研究科が設置された。

　1993（平成5）年8月、医学部・同附属病院の中之島地区から吹田地区へ
の全面移転が完了した。1998年4月、大学院医学研究科を改組し、大学院医
学系研究科が設置された。2004年4月、国立大学法人大阪大学が発足した。

まとめ

　大阪大学医学部は、洪庵によって開かれた適塾を源流としている。誉れ高
い適塾の学燈は適塾の終焉後も、大坂除痘館を通じて、大阪医学校病院付属
種痘館に引き継がれ、今日にまで継承されている。

　大阪大学医学部は、明治の時代を迎え、適塾の塾生であった人たちによっ

て開設された府民の病院、府民の医学校として出発したという礎の上に、固有の波乱に富んだ軌跡を残してきた。洪庵の教え、適塾の心に学び、つねに「地域に生き　世界に伸びる」をモットーに、一歩、一歩、その歩みを刻んできた。そのような歩みによってこそ、大阪大学医学部はその独自の歴史を重ねてきたといえる。

注

1）緒方富雄『緒方洪庵伝』岩波書店、1977年、80-81頁。

2）福沢諭吉『福翁自伝』岩波文庫、1983年、92-93頁。

3）長与専斎「松香私志」日本医史学会編『医学古典集（Ⅱ）』医歯薬出版、1958年、3-4頁。

4）小川政修『西洋医学史』日新書院、1943年、852-853頁。

5）川喜田愛郎『近代医学の史的基礎　下』岩波書店、1977年、619頁。

6）前川正名「適塾時代の橋本左内－漢詩を手がかりとして－」『適塾』第35号、2002年、190頁。

7）梅溪昇『洪庵・適塾の研究』思文閣出版、1993年、217-219頁。

8）長与専斎「発会祝詞」『大日本私立衛生会雑誌』第1号、1883年、8-12頁。

9）多田羅浩三「適塾特別展示：適塾から大阪医学校へ、関連論文、洪庵の教え－適塾のこころ」『適塾』第41号、2008年。

参考文献

・大阪大学医学部学友会編『大阪大学医学部学友会五十年史』大阪大学医学部学友会、1977年

・大阪大学五十年史編集実行委員会写真集小委員会編『写真集　大阪大学の五十年』大阪大学、1981年

・大阪大学五十年史編集実行委員会編『大阪大学五十年史　通史』大阪大学、1985年

・適塾記念会編『写真集　適塾アーカイブ　貴重資料52選』大阪大学出版会、2002年

・伴忠康『適塾と長与専斎』創元社、医学書院、1987年

Ⅲ　大阪大学の創設

第 7 章　大阪帝国大学の創設と理学部の新設

高杉　英一

はじめに

　大阪帝国大学は、1931（昭和 6 ）年 5 月 1 日に、東京、京都、東北、九州、北海道に続く内地六番目の帝国大学として、大阪市北区中之島 4 丁目（現在の中之島センターの所在地）で発足した。最初は医学部と理学部の 2 学部であった。医学部は大阪府立大阪医科大学の国立移管によって成立したが、理学部は新設であった。さらに、1933年には、官立大阪工業大学の移管により工学部が加わった。

　大阪府立医科大学は、緒方洪庵により1838（天保 9 ）年につくられた適塾に遡ることができる。洪庵の嗣子惟準、義弟郁蔵、養子拙斎、その他の門人達が参加し、1869（明治 2 ）年に大阪府が仮病院および医学校をつくったが、これが幾多の名称変更を経て1903年に大阪府立高等医学校、1919（大正 8 ）年に大阪府立医科大学へとつながった。したがって、大阪大学の起源は適塾まで遡るといってもよいであろう。

　大阪大学は懐徳堂を精神的源流と位置づけている。このことは、懐徳堂時代の合理的で科学的な自由闊達な精神を受け継いでいることを述べているわけで、直接的には1949（昭和24）年懐徳堂記念会が、蔵書や遺品約 4 万点を、当時創設された大阪大学文学部に寄贈し、懐徳堂の任を託したことによる。

1. 大阪帝国大学の創設のいきさつ

　帝大創設の運動は、大正末期以来、大阪府立医科大学長の楠本長三郎、大阪府知事の柴田善三郎、地元財界の坂田幹太などを中心として行われてきたが、京都帝国大学の反対や、緊縮時代の今、京都帝国大学の近くの大阪に大学を作る必要なしとの意向もあり、なかなか実現しなかった。創設の趣旨は、大阪府知事の上申書にあるように「工業を発展させるには、理学を振興する

写真7-1　創設間もない時期の大阪大学(中之島4丁目：現在の中之島センターの所在地)

必要がある」との認識による。大阪府立医科大学が100万円、塩見理化学研究所が40万円、大阪府が医科大学一切および土地と45万円、また財界（谷口工業奨励会40万円等）からの支援、さらに理学部創設費用および3年間の運営費用は全部地元で負担し、医学部は病院、授業料収入で大体収支が償う約束をするという地元の熱意によって、1931（昭和6）年3月にようやく衆議院と貴族院議員を通過し認められ、4月に官制が公布、5月1日に施行され実現したものである。

　地元は初代総長に、府立医科大学長であった楠本長三郎を推したが、文部省は元文部次官の粟谷謙を送り込もうとし地元と対立した。この間に立って困った文相は、両者を避けて長岡半太郎に新総長に就任するよう説得した。長岡は、最初は総長になる意向はなかったが、地元大阪の熱意に感銘をうけ総長就任を受諾した。

　長岡は、開学式にケンブリッジ大学名誉博士の緋色のプロフェッサー・ガウンを着て現れ、壇上で「どうだ、立派なアナクロニズムだろう。だから、諸君はわが大阪大学には形式的なことを持ち込まないよう、実例を示したのです！」と語った。形式にとらわれず、実質を重んずる研究姿勢を求めたのである。翌日長岡は半年にわたる欧州旅行に出発した。

2．理学部の新設

　新設の理学部の母体となったのは、1916（大正5）年10月に実業家塩見政治の遺言により創設された塩見理化学研究所であるが、基本的には新設である。この研究所は、物理、数学、化学の3部門から成り立っていた。理学部は数学、物理学、化学の3学科をもって発足したが、長岡は創設にあたり、大阪らしい特色として「理と工のあいだに位する鼠色の学部」を目指した。数学科には、清水辰次郎、正田建次郎、寺阪英孝、南雲道夫を、また化学科には、真島利行、赤堀四郎、小竹無二雄、仁田勇、千谷利三、槌田龍太郎を教授にすえた。

　長岡は物理学科の主任に工学が専門の八木秀次をすえ、菊池正士、岡谷辰

写真7-2　新築なった大阪大学理学部(中之島4丁目：現在大阪市立科学館の所在地)

治、浅田常三郎、友近晋を教授とする体制を整えた。長岡と八木は新しい学問である「量子力学」を推進することとし、目玉として菊池を教授として迎えたのである。

　菊池は電子の波動性を証明する実験を成功させたばかりの、新進気鋭の若手研究者であった。量子力学によると、電子は粒子であると同時に光のような波の性質を持つというのである。そうであれば、電子線を結晶にあてると、波の性質としての干渉パターンが観測されるはずである。こうして、1927（昭和2）年にダビソンとジャーマーが、ついで同年の暮れにトムソンが電子の波動性を示す写真撮影に成功した。菊池は1928年3月に実験を開始し、3ヵ月後には彼らが捉えられなかった明確な現象を捉えたのである。これは「キクチパターン」と呼ばれ、世界の注目を集めた。その後、1937年にダビソンとトムソンはノーベル賞を受賞したが、菊池が受賞してもおかしくない業績であった。菊池がダビソンやトムソンより明確な写真撮影に成功したのは、早い電子線を薄い雲母の単結晶に当て、電子線の干渉をみることにあった。

ダビソンとトムソンは、両方の条件をそろえていない実験をしたためにはっきりしない結果を得たのである。新進気鋭の菊池は、原子核破壊実験を行う目的で大阪帝国大学に赴任したのである。まず、コッククロフト・ワルトン静電圧発生装置を制作し実験することを目指していた。

写真7-3　キクチパターン　菊池の観測した電子線による干渉パターン

これらの教授陣は、ほとんどが30代の新鋭の研究者であった。これらの若き研究者の自由な発想による研究活動が、その後に理学部の飛躍的な発展を支えたのである。その成果として、後に学士院賞を受賞するのは、正田、小竹、仁田、千谷、赤堀（真島と八木はすでに受賞済み）、文化勲章を受けるのは、長岡、真島、八木、菊池、正田、仁田、赤堀であった。このようなそうそうたる人材を集められたのは、長岡の力によるものである。

八木は指向性アンテナ（"八木アンテナ"と名付けられている超短波―テレビの電波など―を受信するアンテナ）の発明をおこなったこと、また岡部金治郎の陽極分割マグネトロン（極超短波の発生装置、現在電子レンジなどに用いられているマグネトロンの原型）の発見の指導を行っている。発信と受信という現在の通信技術の根幹に関わる発見が、日本で行われたこと、またこの2つの発見の両方に八木が関わっていたことに感嘆を禁じ得ない。海外での反応はすごかったが、日本での反応はにぶかった。指向性アンテナは、戦時中に欧米ではレーダーのアンテナとして使われ威力を発揮した。1942年、日本軍はシンガポール島を占領したが、そこで見たこともないアンテナ装置を見つけた。これは八木アンテナだったのである。日本で知られていない間に、欧米では認められ使われていたのである。

3．大阪大学と湯川のノーベル賞

　八木は、菊池による原子核物理の研究を推進するためには理論を行う人材が必要であると感じていた。候補として、朝永振一郎と湯川秀樹を考えていたが、朝永は理化学研究所の仁科研究室で採用された。湯川は京大で講師であったが、新設の大阪帝国大学で菊池が原子核実験を精力的に行うことを聞きつけ、兄の小川芳樹の紹介で、1933（昭和8）年4月に東北大学で開催された数学物理学会の年会の際に八木に会い、阪大に移る希望を伝えた。八木はその場で採用を決め、5月から講師で阪大にくることが決まった。湯川は岡谷教授の講座に属したが、さらに坂田昌一が助手として加わった。湯川と坂田は、形式的には岡谷研の所属ながら、八木の判断で菊池研究室の理論部との位置づけとなった。

　当時日本を代表し世界の第一線で活躍する原子核研究者は、大阪帝国大学の長岡、菊池、湯川、坂田と理化学研究所の仁科と朝永であった。2005（平成17）年国立科学博物館で行われた「仁科芳雄と原子物理学のあけぼの」では、これらの研究者が世界に挑戦した物理学者達として取り上げられている。大阪大学がいかに新進気鋭の研究者を集めたのか、そして長岡と八木の指導のもとで新しい学問である「量子力学」に挑戦したかわかるであろう。大阪大学は、瞬く間に原子核物理学の日本のそして世界の檜舞台に躍り出たのである。

　このような大阪大学での自由闊達な雰囲気の中で、湯川は京都大学時代からあたため続けていた“核力”の問題に挑戦した。

図7-1　2005年に国立科学館で行われた仁科展のパンフレッドに掲載された、世界に挑戦した物理学者たち

原子は、中心に原子核があり、その周りを電子が回っているというのが長岡のアイディアで、このことをラザフォードが実験的に証明していた。原子核は当時陽子で構成されていると考えられていたが、1932年になって中性子が発見され、陽子と中性子で構成されていることが判明した。問題は、原子の大きさ10-8 cm 程度に対し、原子核が10-12cm 程度に固まっていることであった。核力とは、陽子と中性子をぎゅっと固めて原子核をつくる力のことである。湯川はこの力の起源の解明を目指したのである。東洋の島国の研究を始めたばかりの若者が、このような野心的な問題に挑戦したのは驚くべきことであった。

　1934年の10月8日～10日の間に、核力はある粒子の交換によって起こり、この粒子は電子の約200倍の質量をもつ未発見の粒子であるとのアイディアがひらめいた。中間子論の芽生えである。湯川生誕100年を機会に公表された湯川の日記には、この間の様子が詳しく記されている。8日次男の出生届を出す、9日コロキュウム、10日坂田に話す、野球練習、11日談話会、菊池さんと話す、12日坂田と議論、13日コロキュウム、野球練習、14～15日理学部内対抗野球大会、といった内容である。このようなスケジュールの間にアイディアが浮かんだようである。深く考えリラックスをする、研究者にはこのような時が大切なのである。この結果を、同27日に菊池研で発表した。当時講師であった伏見康治は、湯川の話を理解したのは坂田をのぞくと私だけであったろうと回想している。11月1日に英文論文を書き始め、同17日に東京で開催された日本数物学会常会で発表、同30日に日本数物学会の欧文誌に投稿、翌年2月に中間子論の第一報が世界に公表されたのである。湯川の新粒子の予言の発表は研究者生命をかけた大きな賭であった。この予言を積極的に評価したのは、仁科芳雄、友人の朝永振一郎など数えるほどしかいなかった。八木は、専門外でありながら、湯川の革新的な仕事を好きだと評価し、早くまとめて発表するように勧めた。上司の岡谷教授には書いたという報告だけでよいと、岡谷の手元で論文が眠ることのないようにした。八木は、湯川の仕事を評価し、1936年に助教授にした。

　その後の展開はドラマ的である。1937年にアンダーソンらは、電子の約

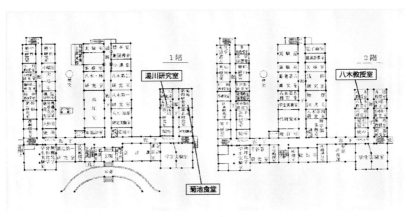

図7-2　理学部配置図

湯川・坂田の部屋のすぐ前の部屋（菊池第4研究室）は実験室であったが、菊池研究室の食堂（「菊池食堂」）という形で使われていた。昼時には菊池、山口、青木、伏見の他に、湯川、坂田が集まって、近くの「まるこ」という小さな仕出し屋から、弁当やきつねうどんを取り寄せた。食事が終わると囲碁や将棋を楽しんだ。こうした交遊を端緒として、湯川は菊池研究室に溶けこんでいった。

200倍の質量の粒子を見つけ、湯川の新粒子ではないかと世界的な話題となった。しかしこの粒子は湯川の予言した中間子ではなく、ミューと呼ばれる中間子だった。湯川の予言した粒子は、パイ中間子と呼ばれたが、1947年にパウエルらが発見し、1949年に湯川はノーベル賞を受賞した。

　湯川の仕事は、20世紀の研究の中でも最大級のものである。中間子の予言は重要なことであるが、「力が粒子の交換で起こる」というメカニズムの提案をしたことがより重要である。現在知られている4つの力、強い力、電磁気力、弱い力、そして重力はすべてゲージ粒子の交換で起こることがわかっている。さらに、2008年度の南部陽一郎博士のノーベル賞受賞の対象となった"自発的対称性の破れ"を引き起こすヒッグス粒子とクォークやレプトンの相互作用は、湯川相互作用と呼ばれている。このような研究が、新しい学問である量子力学の研究がほとんど行われていない日本で行われたことは奇

跡と呼ばれてもおかしくない。

　湯川は京大を卒業して以来、5年の間に論文を一編も書いていない。八木はこの点を指摘し、湯川を叱責している。湯川が論文を書けなかったのは、抱えていた問題が世界の誰もがまだ挑戦していないような大きなものだったためである。八木の叱責、八木による菊池研の自由闊達な研究体制、八木の独創的な研究に価値をおく考え方、面白いと思う論文を積極的に発表するよう勧める姿勢などが、湯川の研究を後押ししたと考えられる。湯川は「阪大理学部は、年若い教授が多く、実に精気溌剌としていた」「ここにいると何か仕事をせずにはおられないような気持ちになる」と書いている。若槻哲夫は、湯川は1939年5月に恩師玉城嘉十郎教授の後を受け京大教授として移ったが、湯川の机のなかから大量の頭痛薬の空き箱が見つかったことを述懐している。研究を推し進める強烈なプレッシャーがあったのである。

　八木の推進した"研究の連携や融合"は大阪大学の伝統として受け継がれてゆくことになる。

　その後、菊池は、粒子を加速するサイクロトロンの建設に取りかかり、1936年に完成させる。こうして、大阪大学の原子核物理学の研究は、理化学研究所と並ぶ日本の2大拠点として世界のトップレベルの研究をおこなうのである。

まとめ

　大阪大学の創設のいきさつと理学部の新設、特に物理学教室にスポットをあてて概観した。この理由は、設立から間もなく世界トップレベルの研究機関になったこと、また物理学教室をつくる過程が、大阪大学の伝統として受け継がれていったと感じるからである。当時の研究者が権威を離れて、研究を推進するために本当に必要なことを実践したことに感動を覚える。研究中心人事、若手の起用、講座を越えた連携、研究を推進するためのさまざまな分野の連携、教授、助教授、講師、助手の職種を越えた自由な討論と交わり、予算の重点的な配分など、長岡や八木の行ったすべての点で学ぶべきことが

あると思う。大阪大学の研究の考え方、「基本」「ときめき」「責任」、また方法である「インターフェイス」「ネットワーク」も、今にして生まれたのではなく、創設時の実践を受け継いできたのである。本書を学ぶ学生諸君は、このような精神を学び、未来の大阪大学をつくっていくことを期待する。

参考文献

・大阪大学五十年史編集実行委員会編『大阪大学五十年史　通史』大阪大学、1985年
・大阪大学25年誌編集委員会編『大阪大学二十五年誌』大阪大学、1956年
・金森順次郎『大阪と自然科学』高等研選書15、財団法人国際高等研究所、2001年
・西尾幾治編『大阪帝国大学創立史』恵済団、1935年、2004年に大阪大学出版会から復刻
・湯川・朝永生誕百年企画展委員会編『新編　素粒子の世界を拓く－湯川・朝永から南部・小林・益川へ－』京都大学学術出版会、2008年

第8章　大阪工業学校から大阪大学工学部へ
―大阪大学工学部・工学研究科の生い立ち―

碓井　建夫

はじめに

　筆者は、大阪市内（天満）で生まれ、高槻市（芥川町）で育ち、10年ほど前からは職住接近を計り、吹田市（藤白台）に移り住んでいるが、最長でも70日間の、文部省短期在外研究員として、ドイツ・アーヘン大学を中心にヨーロッパに滞在した以外は、常に大阪府に在住の、大阪人間であり、従ってまた、1965（昭和40）年の大阪大学工学部冶金学科（現在の応用理工学科マテリアル生産科学科目マテリアル科学コース）入学以来、博士課程修了までの学生生活9年間とその後35年間の教員生活を通じて、大阪大学大好き人間でもある。なお、3節の年表には現れてこないが、高度経済成長期であった1965年4月に冶金学科は、4講座（4人の教授とそのスタッフからなる、4研究室）から12講座に拡張され、学部入学定員も30名から80名に増員された。筆者は、卒業研究で冶金設備工学の研究室に配属となり、徐々に冶金設備の研究から製鉄分野の研究にシフトしながら、現在に至っている。

　大阪は、江戸時代の中之島の米倉における"米の先物取引"（まだ見ぬ来年の米を買う取引）という現代の"デリバティブ"の発祥の地であると聞いている。また、町人、市民の力で、懐徳堂（1724年～）や適塾（1838年～）が興され、それぞれ阪大「法文学部」、「医学部」の源流となったことは、各学部

の歴史の中に詳しく書かれていると思う。阪大「工学部」も然りで、その源流は、国ではなく、市民の力によるところが大きかったと伝えられており、本章では、そのあたりの歴史的な歩みと、直近の工学研究科の勇姿に至る発展の経緯を纏めている（ちなみに、官立大阪工業学校創設の1896（明治29）年5月というのは、筆者の父の誕生年月であり、阪大工学部との何か因縁を感じている。さらに申せば、筆者は、父50歳の時の子なので、筆者の年齢に50を加えると、工学部創始○○○年となる）。なお、最近の話題として、大阪・天満の「天満天神繁昌亭」も、市民の力が発揮された、大阪ならではの試みである。また、2008年になって、「大阪大学の歴史－工学部編－」を講義するということがきっかけとなり、アンテナを高くしていた結果、各学部の歴史と日本の学術・技術の発展は、本来、縦割りのバラバラなものではないという事例に、気付いた。懐徳堂では、例えば麻田剛立（1734－1799）という方が関係し、医師であり、天文塾も開かれたとか、和算の大家も輩出されたとか、適塾からは、冶金学の大家：

写真1　工学研究科エントランスの"創始100周年"の石碑

<small>おおしまたかとう</small>
大島高任（1826－1901）という方が在籍していた〔本章末の付録1＝新聞記事[1]に詳述〕。すなわち、懐徳堂⇒「法文学部」、適塾⇒「医学部」という単純な図式でなく、これらの、大阪町人、市民の力で興された“私塾”が、日本の理工系分野の発展にも大いに貢献してきたという事実を実感した。大島高任により、“日本の近代製鉄 ＝ 釜石に日本最初の「高炉」”が建設され、1857（安政4）年12月1日（旧暦）、銑鉄の初生産に成功したことから、12月1日（新暦）が「鉄の記念日」として受け継がれているが、まさしく2008（平成20）年に、記念すべき150周年を迎えており、12月には、日本鉄鋼連盟（2008年12月1日）、日本学術振興会製銑第54委員会（2008年12月3日）において、記念行事が開催された。図らずも、筆者が、製銑第54委員会の方の、150周年記念セレモニーの進行役（司会）を仰せつかっており、大島高任が適塾に在籍し、わが国の近代化や軍備の重要性の認識を深め、鉄造りに邁進したことに大変縁を感じ、喜んでいた次第である。

　前置きが長くなったが、2007年秋に、大阪大学全学共通教育2008年度「大阪大学の歴史」の工学部編講義担当者の指名を、工学研究科マテリアル生産科学専攻教授・掛下知行副研究科長（教務委員長）を通じて、工学研究科教授・豊田政男研究科長（当時）から受け、「大阪工業学校から阪大工学部へ」の副題の下で、“大阪大学工学部・工学研究科の生い立ち”を講述する機会を得たので、本書にて、“大阪大学工学部・工学研究科の生い立ちと変遷”を纏めた。ここ数年、学部では大学科、大学院では大専攻への集約とその中に昔からの小学科、小専攻が、学科目やコースという形で残っている姿は、外からは大変分かりにくくなっているかと思うので、工学部の全体像と、各教室の改組・名称変更を時系列的に紹介する。なお、基礎工学部や、大学院情報科学研究科の創設前の工学部内の動向については、3節の年表中に記載があるので、ご覧いただきたい。

1．大阪工業学校創立から大阪高等工業学校まで〔大阪大学五十年史[2]より〕

　明治20（1887）〜30年、日本はようやく近代国家としての体裁を整え、次

第に国力を養い、国際的にも地位を高めて行くことになる。技術的には自動織機・水管缶などの発明、機関車・1,300馬力陸用蒸気機関・大砲の製造、水力発電所・八幡製鉄所の建設、電気学会・機械学会・造船協会の創立などが相次ぎ、近代技術を装うことになるが、こうした急速度の技術整備は一方で資本主義的企業の発達を促し、国策を帝国主義へかり立てることとなる。

　当時、大阪市は関西の要衝にあって、商業のほか、工業においても紡績・造船から硝子・燐寸の製造などで発展著しいものがあった。1893年大阪市会は工業学校設立の急務を説き、創設費概算10万円のうち半額5万円を寄付することを決め、文部大臣に建議した。翌1894年文部省はその必要を認め、予算を帝国議会に提出したが決議に至らず、1895、1896両年にわたる継続費として要求し、1896年5月文部省直轄の学校として官立大阪工業学校が設立された。大阪市北区玉江町1丁目2番地に伊藤新六郎を初代校長とし、10月から授業が開始された。ちなみに本校の目的は「上等職工および職工長を養成する所」とされており、内容は機械工芸部（機械科）、化学工芸部（応用化学科、染色科、窯業科、醸造科、冶金科）であった。

　1897年5月教員は教授3名、助教授5名、嘱託教員2名、第1回の募集は機械工芸科30名に対し応募者101名、化学工芸科30名に対し応募者49名であった。修業年限は4年、入学資格は14歳から25歳まで高等小学校卒業以上の学力のあるもの、また学資は第3学年まで合計375円となっている。

　1899年6月、本校の目的は「工業に従事すべき者を養成する所」と改められた。修業年限3年、入学資格中学校卒業程度となった。新たに造船部（船体科、機関科）が1900年から加わった。

　1901年5月大阪高等工業学校と改称され、板金、木型、製缶の各工場および製作工場等が落成し、各種実習機械も当時最新鋭のものが設備された。この頃、1898年には東京・大阪間長距離電話が開通し、1899年郡山綿糸紡績が300kW（11,000V）の水力発電所を建設している。1903年天王寺今宮で、「第5回内国勧業博覧会」が開催され、外国からの参加もあり、天皇陛下が観臨し、385万余の入場者で賑わった。今の天王寺公園はその跡地の一部である。1906年は本校創立10周年に当たり、5月18日その記念式が行われ、校内を一

般に開放し、機械、応化、染色、窯業、醸造、冶金、造船、船用機関の各科は実物や模型の展示をはじめ各種製品の製造過程の実演や展示を行い社会との交流を深めた。この頃は1904、1905年にわたる日露戦争の後で、日本の国際的地位も次第に評価されるようになり、技術による国力増強の気運も盛り上り、無線電信・造船・水力発電などの諸技術が進み、企業の進展また目まぐるしいものがあった。特に関西を本拠とする紡績業はこの頃から輸出に力を注ぐようになった。

　1919（大正8）年本校が大学昇格運動を始めて以来、世情諸般の事情で延期を重ねていたが、1927（昭和2）年に工業大学創立委員会が持たれ、1929年に大阪工業大学への昇格が、その運動以来約10年の歳月を経てやっと実現することとなった。

2. 大阪工業大学から大阪帝国大学工学部へ〔大阪大学五十年史²）より〕

　大阪に帝大を設置しようという空気は大正初期からあった。しかし関西にはすでに京都帝国大学があり、当時の政府の帝大の地域配分計画から、京都に隣接の大阪に帝国大学を設けることは問題があったようである。しかし、1919（大正8）年には全国初の公立大学として大阪府立大阪医科大学が、1928（昭和3）年には、これまた全国に先駆けて大阪市独自による大阪市立商科大学が設置され、1929年には、大阪高等工業学校が日本最初の工業大学として、大阪工業大学に昇格している。大阪にあるこれら3大学の力を総合して大阪に総合帝国大学を設立しようという気運は次第に高まって行った。

　これに先立って1925年には府立大阪医科大学は、その昇格運動の余勢をかって大阪府議会と協力し「国立綜合大学設置に関する意見書」を政府に提出し、さらに1930年にも「国立綜合大学設置」の上申書を蔵相、文相、内務相あてに提出している。

　大阪帝国大学の創設は、その内容、財政などから難航を極めたが、1931年衆議院、貴族院をやっとのことで通過、4月大阪帝国大学設立案が可決された。内容は医・工・理の3学部で、医は府立大阪医科大学を国に移し1931年

開設、工は官立大阪工業大学を移し1932年開設、理は1931年設置、1933年開設というものであった。

　大阪帝大設立案審議の途中で、反対派のある貴族院議員が「今は文科系学部がないが、あと20年もすれば文科系学部を要求してくるに違いない」と発言しているが、その後ほぼ20年の1948年から1953年にかけて文科系学部が創設され拡充されているのを見ると、その政治家の予言に思うことしきりである。

　大阪工業大学としては、1897年以前の伝統のある官立学校でありながら帝大創立の中心となり得なかったこと、また1年おくれで編入されるなど、官立の工大としての体面が立たないというので、教授会、学生ともども、1931年から帝大工学部になるよう同年2月頃から猛運動を開始し、学長堤正義はじめ2名の某有力者および4名の学生らが上京陳情した。また大阪工業倶楽部（現大阪大学工業会）、学生会、教授会も強力な編入運動を展開した。文部当局は工学部も他学部と同時に開設したい意向であったにもかかわらず、大阪工業大学の創立委員であったある人の反対で1931年編入案は見送られてしまい、1932年開設も実現せず、結局1933年に編入、開設ということになった。

　世上、大阪工業大学、大阪医科大学、大阪商科大学の足並みが揃わなかったかのように説く向きがあるが、その原因の一つはこれら三つの大学が国立、府立、市立というそれぞれ行政枠にとらわれていたということと、また一つには工大、商大ともに昇格後なお日が浅かったことなどで歩調を整え難かったのではないかと思う。

　工学部は1896（明治29）年の大阪工業学校の設置以来、つねに民・財・政各界の努力によって築かれたものであり、上からの指示のみでできたものではないことは特記すべきであり、そのことはその後の工学部の伝統として今日なお生き続けていると考えてよいのではなかろうか。

3．大阪工業学校創立から大阪大学工学部・工学研究科（現在）までの年表

　以下に、大阪大学全体（イタリック表示）の中の<u>工学部</u>ならびに大学院工学

研究科〔大学院（工）と略記〕の発展の歴史を年表形式にて紹介する。また、各種研究施設の設置などについても、年表の中に記載しておいた。なお、上添字は、改組や名称変更されていく各学科などの追跡のために付してある。

（1）全体の流れ

1896（M29）　5　官立大阪工業学校創設（大阪市北区玉江町および中之島 5 丁目）機械工芸部（機械科[1]）、化学工芸部（応用化学科[2]、染色科[Z]、窯業科[Y]、醸造科[3]、冶金科[4]）の 2 部 6 科（＜注＞Z、Y、X、W は後に廃止あるいは吸収合併）

1899（M32）　6　造船部（船体科[5]、機関科[X]）設置

1901（M34）　5　大阪高等工業学校と改称　機械工芸部、化学工芸部、造船部の 3 部 8 科

1903（M36）　6　船体科[5]を造船科[5]、機関科[X]を舶用機関科[X]に改称

1906（M39）　5　冶金科[4]を採鉱冶金科[4]に改称

1906（M39）　9　染色科[Z]廃止

1908（M41）　2　電気科[6]設置（＜注＞窯業科[Y]、舶用機関科[X]を含めて 8 科）

1922（T11）　3　移転完了（大阪市都島区東野田 9 丁目）

1929（S 4）　4　大阪工業大学 創設　（機械科[1]と舶用機関科[X]より）機械工学科[1]、応用化学科[2]、醸造学科[3]、冶金学科[4]、造船学科[5]、電気工学科[6]の 6 学科。別に共通科目の理科[7]。（＜注＞この時点で窯業科[Y]は廃止）

1931（S 6）　5　大阪帝国大学 設立（医学部、理学部の 2 学部）

1933（S 8）　3　大阪帝国大学 工学部 創設（編入）　1・2・3・4・5・6 の 6 学科。別に応用理学科[7]。

1937（S 12）10　工学部 航空学科[W]設置

1939（S 14）　4　工学部（前身の応用理学科[7]より）精密工学科[7]設置

1940（S 15）　4　工学部 通信工学科[8]設置

1943（S 18）12　工学部 醸造学科[3]を醗酵工学科[3]に改称

1944（S 19）10　工学部 溶接工学科[9]設置

1946（S 21）12　工学部 航空学科[W]を工業力学科[W]に改編 [1948（S 23）3 廃止]

1947（S 22）　4　工学部 構築工学科[10]設置（＜注＞工業力学科[W]の講座を転換）

1947（S 22）10　大阪大学と改称（医学部、理学部、工学部の 3 学部）　[1949（S

24）5　新制4年制大学 発足、1953（S28）3　旧制大学廃止]

1953（S28）4　新制 大学院 工学研究科 設置：修士、博士課程を持つ11専攻（1
　　　　　　　　〜6の各専攻、精密機械学専攻[7A]、応用物理学専攻[7B]、8〜10の
　　　　　　　　各専攻）

　　　　　　　　（<注> A、B は改組により枝分かれしたペアー）

1957（S32）4　大学院（工）原子核工学専攻[11] 設置

1958（S33）4　工学部 電子工学科[12] 設置

1960（S35）4　工学部 機械工学第二学科[V] 設置

1961（S36）4　*(工学部) 機械工学第二学科[V] 学生 を 基礎工学部 機械工学科[V] へ*
　　　　　　　　移籍

1962（S37）4　工学部 原子力工学科[11] 設置

1963（S38）4　工学部 精密工学科[7] 拡充改組：精密工学科[7A]、応用物理学科[7B]
　　　　　　　　設置

1965（S40）4　電子ビーム研究施設[E] 設置 [1989（H1）5 廃止]

1966（S41）4　工学部 産業機械工学科[13] 設置

　　　　　　　　工学部 構築工学科[10] 拡充改組：土木工学科[10A]、建築工学科[10B] 設
　　　　　　　　置

1967（S42）6　超高温理工学研究施設[F] 設置 [2003（H15）3 廃止 → 発展]

1968（S43）4〜1970（S45）9　　移転　（吹田市山田上）

1968（S43）4　工学部 環境工学科[14] 設置

1969（S44）4　工学部 応用化学科[2] 拡充改組：応用化学科[2A]、石油化学科[2B] 設置
　　　　　　　　溶接工学研究施設[G] 設置

1972（S47）4　*(全学) 超高圧電子顕微鏡室 設置 [1974（S49）5 より（全学）*
　　　　　　　　超高圧電子顕微鏡センター]

1972（S47）5　*溶接工学研究施設[G] が（全学）溶接工学研究所[G] に分離独立*
　　　　　　　　[1996（H8）5 より（全学）接合科学研究所[G] に改称]
　　　　　　　　レーザー工学研究施設[H] 設置

1973（S48）4　工学部 冶金学科[4] を冶金・金属材料工学科[4] に改称

1975（S50）4　工学部 冶金・金属材料工学科[4] 改組：冶金工学科[4A]、金属材料工
　　　　　　　　学科[4B] に分離

1976（S51）4　大学院（工）プロセス工学専攻[15] 設置

1976（S51）5　*レーザー工学研究施設[H] が（全学）レーザー核融合研究センター[H]*
　　　　　　　　に分離独立

写真 8-2　吹田移転後の工学部遠景（故 足立　彰 名誉教授遺族より寄贈）

ドーム付きビルは電気系、その手前は工学部管理棟、中央が材料系、左奥に化学系、左手前に醗酵の各建物

1978（S 53）	4	微生物工学国際交流センター[1] 設置 [1985（S 60）3 廃止 → 発展]
1980（S 55）	5	超電導工学実験センター[J] 設置 [1989（H 1）5 超伝導工学実験センター[J]に改称、1990（H 2）3 廃止 → 発展]
1981（S 56）	4	大学院（工）電磁エネルギー工学専攻[16] 設置
1983（S 58）	4	工学部 石油化学科[2B] を応用精密化学科[2B] に改称
1985（S 60）	4	（前身の I より）生物工学国際交流センター[1] 設置
1986（S 61）	4	工学部 機械工学科[1]・産業機械工学科[13]拡充改組：機械工学科[1]・産業機械工学科[13]・電子制御機械工学科[17] 設置
1987（S 62）	4	工学部 溶接工学科[9] を生産加工工学科[9] に改称
1988（S 63）	4	工学部 冶金工学科[4A] を材料開発工学科[4A]、金属材料工学科[4B] を材料物性工学科[4B] に改称
1989（H 1）	4	工学部 造船学科[5] を船舶海洋工学科[5] に改称 工学部 情報システム工学科[18] 設置

1990（H 2）6 　（前身のＪより）（全学）超伝導エレクトロニクス研究センター[J]
　　　　　　　　設置

1991（H 3）4 　工学部 醗酵工学科[3]改組：応用生物工学科[3] 設置

1994（H 6）6 　（全学）保全科学研究センター 設置 [2004（H16）4より（全学）
　　　　　　　　環境安全研究管理センター]

1995（H 7）4 　工学部・大学院工学研究科の大学院重点化整備開始

　　　　　　　①工学部 ２Ａ・２Ｂ・３・７Ａ・７Ｂの5学科 改組：「応用自然科学
　　　　　　　　科」設置

　　　　　　　大学院（工）２Ａ・２Ｂ・３・７Ａ・７Ｂ・15の6専攻 改組再編成：
　　　　　　　物質・生命工学専攻*[1]（〈注〉＊Ｎ印は専任専攻、Ｎ＝１～４）、
　　　　　　　分子化学専攻[2A]、物質化学専攻[2B]、応用生物工学専攻[3]、精密科学
　　　　　　　専攻[7A]、応用物理学専攻[7B] 設置

　　　　　　　（全学）先端科学技術共同研究センター[O] 設置

　　　　　　　生物工学国際交流センター[I] が分離独立（工学部から全学へ）

1995（H 7）5 　（全学）ベンチャー・ビジネス・ラボラトリー[P] 設置

1996（H 8）5 　②工学部 ６・８・11・12・18の5学科 改組：「電子情報エネルギー
　　　　　　　　工学科」設置

　　　　　　　大学院（工）６・８・11・12・16・18の6専攻 改組再編成：電
　　　　　　　子情報エネルギー工学専攻*[2]、電気工学専攻[6]、通信工学専攻[8]、
　　　　　　　電子工学専攻[12]、情報システム工学専攻[18]、原子力工学専攻[11] 設置

1996（H 8）10 寄付講座「レーザーエネルギー応用工学（ホトニクス）」設置（Ｈ
　　　　　　　　8.10～H14.3）

1997（H 9）4 　③工学部 １・４Ａ・４Ｂ・９・13・17の6学科 改組：「応用理工学科」
　　　　　　　　設置

　　　　　　　大学院（工）１・４Ａ・４Ｂ・９・13・17の6専攻 改組再編成：
　　　　　　　知能・機能創成工学専攻*[3]、機械物理工学専攻[1]、機械システム
　　　　　　　工学専攻[13]、電子制御機械工学専攻[17]、マテリアル応用工学専攻
　　　　　　　[4A]、マテリアル科学専攻[4B]、生産科学専攻[9] 設置

　　　　　　　（全学）先導的研究オープンセンター[Q] 設置

1998（H10）4 　④工学部 ５・10A・10B・14の4学科 改組：「地球総合工学科」設置
　　　　　　　大学院（工）５・10A・10B・14の4専攻 改組再編成：地球総合
　　　　　　　工学専攻*[4]、船舶海洋工学専攻[5]、土木工学専攻[10A]、建築工学専
　　　　　　　攻[10B]、環境工学専攻[14]設置

2000（H12）4　*（前身の J より）（全学）超伝導フォトニクス研究センター[J] 設置*
自由電子レーザー研究施設[K]　設置（枚方市津田山手 2 丁目）

2000（H12）5　寄付講座「光量子プロセス工学」設置（H12.5 ～ H17.3）
寄付講座「光量子エネルギー工学」設置（H12.5 ～ H16.3）

2001（H13）4　超精密科学研究センター[L] 設置

2001（H13）10　文部科学省 科学技術振興調整費 "戦略的研究拠点"「フロンティア研究機構[M]」設立

2002（H14）3　*大学院 情報科学研究科 新設*（大学院（工）情報システム工学専攻[18]廃止）

2003（H15）4　（前身の F より）原子分子イオン制御理工学センター[F] 設置

2004（H16）4　*国立大学法人 大阪大学に移行*
大学院（工）ビジネスエンジニアリング専攻[19]設置
O、P、Q 等を統合：（全学）先端科学イノベーションセンター[O+P+Q] 設置

2004（H16）7　*H、J を統合：（全学）レーザーエネルギー学研究センター[H+J] 設置*

2005（H17）4　大学院（工）23専攻［＊1、2A、2B、3、7A、7B／＊3、1、13、17、4A、4B、9／＊2、6、8、12、11／＊4、5、10A、10B、14］改組再編成（主として大専攻化）：生命先端工学専攻[3]、応用化学専攻[2A+2B]、精密科学・応用物理学専攻[7A+7B]、知能・機能創成工学専攻[＊3]、機械工学専攻[1+13+17]、マテリアル生産科学専攻[4A+4B+9]、電気電子情報工学専攻[6+8+12]、環境・エネルギー工学専攻[11+14]、地球総合工学専攻[＊4+5+10A+10B] 設置
（＜注＞ビジネスエンジニアリング専攻[19] と合わせて 10専攻）

2006（H18）4　工学部 電子情報エネルギー工学科[6+8+11+12+18]、地球総合工学科[5+10A+10B+14] の 2 学科改組再編成：「電子情報工学科」[6+8+12+18]、「地球総合工学科」[5+10A+10B]、「環境・エネルギー工学科」[11+14] 設置
（＜注＞応用自然科学科、応用理工学科と合わせて 5学科）
「フロンティア研究機構[M]」をフロンティア研究センター[M] として設置

2006（H18）6　[1]「大阪大学ダイキン（フッ素化学）共同研究講座」設置（H18.6 ～ H22.3）

2006（H18）7　[2]「新日鐵化学・マイクロ波化学 共同研究講座」設置（H18.7 ～

			H22.3）
			₃「大阪大学 コマツ講座（建機等イノベーション講座）」設置（H18.7～H24.3）
2007（H19）	4		₄「石油資源開発（パイプライン工学）共同研究講座」設置（H19.4～H22.3）
			₅「電子デバイス生産技術 共同研究講座」設置（H19.4～H23.3）＜シャープ（株）＞
2007（H19）	5		₆「住友金属（鉄鋼元素循環工学）共同研究講座」設置（H19.5～H22.3）
2007（H19）	6		₇「日新スティール（鉄鋼表面フロンティア）共同研究講座」設置（H19.6～H22.3）
2007（H19）	7		₈「三井造船（プラズマ応用工学）共同研究講座」設置（H19.7～H22.3）
2007（H19）	10		₉「新日鐵（製銑プロセス）共同研究講座」設置（H19.10～H22.9）
2008（H20）	4		₁₀「三菱電機 生産コンバージング・テクノロジー 共同研究講座」設置（H20.4～H23.3）
2008（H20）	5		₁₁「セキュアデザイン（シヤチハタ）共同研究講座」設置（H20.5～H22.3）
2008（H20）	6		₁₂「パナソニック（ディスプレイ材料）共同研究講座」設置（H20.6～H23.3）
2008（H20）	7		「生命環境工学（住友電気工業）寄付講座」設置（H20.7～H23.3）
2008（H20）	10		₁₃「溶接保全共同研究講座」設置（H20.10～H23.9）＜関西電力（株）＞

　以上のように、創生期より、各分野毎に、学科の新設、改組拡充、あるいは時代の流れとともに廃止、が連綿と続いてきた。工学部内では、先ず学部内に新たな学科が開設され、その後、大学院に対応する専攻が新設されたが、順番が逆の場合や、専攻のみの新設という場合もある（その場合は明記した）。ただし、新たな学科が開設された後の対応する専攻の設置は、学年進行で、修士課程（大学院博士前期課程）、博士課程（大学院博士後期課程）と進んだことから、その設置年次の詳細は、上記の年表中では、省略した。

（2）各系の変遷

　1項では、大阪工業学校創立から、現在の大阪大学工学部・工学研究科に至る、全体像を、関係する研究施設など、ほとんどすべてについて、時系列的に網羅した。このままでは、現在の大阪大学工学部・工学研究科の"各系"内の学科と専攻の変遷を知る上では、甚だ分かりにくいと思うので、以下に、上記年表から"各系"に切り分けた学科と専攻の変遷を紹介する。なお、直近の出来事として、「環境・エネルギー工学科（系）の誕生と現在の姿」でもって、本項を締めくくってある。

1）応用自然科学科（系）に関する変遷のみを抜粋

1896（M29）	5	<u>官立大阪工業学校</u> 創設　化学工芸部（応用化学科[2]、醸造科[3]）
1901（M34）	5	<u>大阪高等工業学校</u> と改称
1929（S 4 ）	4	<u>大阪工業大学</u> 創設　応用化学科[2]、醸造学科[3]、別に共通科目の理科[7]
1933（S 8 ）	3	<u>大阪帝国大学 工学部</u> 創設（編入）応用化学科[2]、醸造学科[3]、別に応用理学科[7]
1939（S14）	4	<u>工学部</u>（前身の応用理学科[7] より）精密工学科[7] 設置
1943（S18）	12	<u>工学部</u> 醸造学科[3]を醗酵工学科[3] に改称
1947（S22）	10	<u>大阪大学と改称（医学部、理学部、工学部の3学部）</u>
1953（S28）	4	新制 <u>大学院</u> 工学研究科 設置：修士、博士課程を持つ専攻（応用化学専攻[2]、醗酵工学専攻[3]、精密機械学専攻[7A]、応用物理学専攻[7B]）
1963（S38）	4	<u>工学部</u> 精密工学科[7] 拡充改組：精密工学科[7A]、応用物理学科[7B] 設置
1969（S44）	4	<u>工学部</u> 応用化学科[2] 拡充改組：応用化学科[2A]、石油化学科[2B] 設置
1976（S51）	4	<u>大学院（工）</u> プロセス工学専攻[15] 設置
1983（S58）	4	<u>工学部</u> 石油化学科[2B] を応用精密化学科[2B] に改称
1991（H 3 ）	4	<u>工学部</u> 醗酵工学科[3]改組：応用生物工学科[3] 設置
1995（H 7 ）	4	<u>工学部・大学院工学研究科の大学院重点化整備開始</u>
		①<u>工学部</u> 2A・2B・3・7A・7Bの5学科 改組：「応用自然科学

科」設置

大学院（工）2A・2B・3・7A・7B・15の6専攻 改組再編成：
物質・生命工学専攻[*1]（〈注〉＊N印は専任専攻、N＝1〜4）、
分子化学専攻[2A]、物質化学専攻[2B]、応用生物工学専攻[3]、精密科学
専攻[7A]、応用物理学専攻[7B] 設置

2005（H17）4　大学院（工）専攻［＊1、2A、2B、3、7A、7B］改組再
編成：生命先端工学専攻[3]、応用化学専攻[2A+2B]、精密科学・応用
物理学専攻[7A+7B] 設置

２）応用理工学科（系）に関する変遷のみを抜粋

1896（M29）5　官立大阪工業学校 創設　機械工芸部（機械科[1]）、化学工芸部（冶
金科[4]）

1899（M32）6　造船部（機関科[X]）設置

1901（M34）5　大阪高等工業学校と改称

1903（M36）6　機関科[X]を舶用機関科[X] に改称

1906（M39）5　冶金科[4]を採鉱冶金科[4] に改称

1929（S4）4　大阪工業大学 創設（機械科[1]と舶用機関科[X] より）機械工学科[1]、
冶金学科[4]

1933（S8）3　大阪帝国大学 工学部 創設（編入）機械工学科[1]、冶金学科[4]

1944（S19）10　工学部 溶接工学科[9] 設置

1947（S22）10　大阪大学と改称（医学部、理学部、工学部の3学部）

1953（S28）4　新制 大学院 工学研究科 設置：修士、博士課程を持つ専攻（機械
工学専攻[1]、冶金学専攻[4]、溶接工学専攻[9]）

1960（S35）4　工学部 機械工学第二学科[V] 設置

1961（S36）4　（工学部）機械工学第二学科[V]学生 を 基礎工学部 機械工学科[V] へ
移籍

1966（S41）4　工学部 産業機械工学科[13] 設置

1973（S48）4　工学部 冶金学科[4] を冶金・金属材料工学科[4] に改称

1975（S50）4　工学部 冶金・金属材料工学科[4] 改組：冶金工学科[4A]、金属材料工
学科[4B] に分離

1986（S61）4　工学部 機械工学科[1]・産業機械工学科[13]拡充改組：機械工学科[1]・
産業機械工学科[13]・電子制御機械工学科[17] 設置

1987（S62）4　工学部 溶接工学科[9] を生産加工工学科[9] に改称

1988（S 63）　4　　工学部 冶金工学科[4A] を材料開発工学科[4A]、金属材料工学科[4B] を
　　　　　　　　　　　材料物性工学科[4B] に改称

1997（H 9 ）　4　　③工学部 1・4 A・4 B・9・13・17の 6 学科 改組：「応用理工学科」
　　　　　　　　　　　設置

　　　　　　　　　　　大学院（工）1・4 A・4 B・9・13・17の 6 専攻 改組再編成：
　　　　　　　　　　　知能・機能創成工学専攻[*3]（専任専攻）、機械物理工学専攻[1]、機
　　　　　　　　　　　械システム工学専攻[13]、電子制御機械工学専攻[17]、マテリアル応用
　　　　　　　　　　　工学専攻[4A]、マテリアル科学専攻[4B]、生産科学専攻[9] 設置

2005（H17）　4　　大学院（工）専攻［＊3、1、13、17、4 A、4 B、9］改組再
　　　　　　　　　　　編成：知能・機能創成工学専攻[*3]、機械工学専攻[1+13+17]、マテリア
　　　　　　　　　　　ル生産科学専攻[4A+4B+9] 設置

3）電子情報エネルギー工学科（系）に関する変遷のみを抜粋

1908（M41）　2　　大阪高等工業学校 に電気科[6] 設置

1929（S 4 ）　4　　大阪工業大学 創設　電気工学科[6]

1933（S 8 ）　3　　大阪帝国大学 工学部 創設（編入）電気工学科[6]

1940（S 15）　4　　工学部 通信工学科[8] 設置

1947（S 22）10　　*大阪大学と改称（医学部、理学部、工学部の 3 学部）*

1953（S 28）　4　　新制 大学院 工学研究科 設置：修士、博士課程を持つ専攻（電気
　　　　　　　　　　　工学専攻[6]、通信工学専攻[8]）

1957（S 32）　4　　大学院（工）原子核工学専攻[11] 設置

1958（S 33）　4　　工学部 電子工学科[12] 設置

1962（S 37）　4　　工学部 原子力工学科[11] 設置

1981（S 56）　4　　大学院（工）電磁エネルギー工学専攻[16] 設置

1989（H 1 ）　4　　工学部 情報システム工学科[18] 設置

1996（H 8 ）　5　　②工学部 6・8・11・12・18の 5 学科 改組：「電子情報エネルギー
　　　　　　　　　　　工学科」設置

　　　　　　　　　　　大学院（工）6・8・11・12・16・18の 6 専攻 改組再編成：電
　　　　　　　　　　　子情報エネルギー工学専攻[*2]（専任専攻）、電気工学専攻[6]、通信
　　　　　　　　　　　工学専攻[8]、電子工学専攻[12]、情報システム工学専攻[18]、原子力工
　　　　　　　　　　　学専攻[11] 設置

2002（H14）　3　　*大学院 情報科学研究科 新設*（大学院（工）情報システム工学専
　　　　　　　　　　　攻[18]廃止。）

2005（H17）　4　　　大学院（工）　専攻［＊2、6、8、12、11、14］改組再編成：
　　　　　　　　　　　電気電子情報工学専攻[6+8+12]、環境・エネルギー工学専攻[11+14] 設置

4）地球総合工学科（系）に関する変遷のみを抜粋

1899（M32）　6　　　官立大阪工業学校 に造船部（船体科[5]）設置

1901（M34）　5　　　大阪高等工業学校 と改称

1903（M36）　6　　　船体科[5]を造船科[5]に改称

1929（S 4）　4　　　大阪工業大学 創設　造船学科[5]

1933（S 8）　3　　　大阪帝国大学 工学部 創設（編入）造船学科[5]

1937（S12）10　　　工学部 航空学科[W] 設置

1946（S21）12　　　工学部 航空学科[W] を工業力学科[W] に改編 [1948（S23）3 廃止]

1947（S22）　4　　　工学部 構築工学科[10] 設置（＜注＞工業力学科[W] の講座を転換）

1947（S22）10　　　*大阪大学と改称（医学部、理学部、工学部の3学部）*

1953（S28）　4　　　新制 大学院 工学研究科 設置：修士、博士課程を持つ専攻（造船
　　　　　　　　　　　学専攻[5]、構築工学専攻[10]）

1966（S41）　4　　　工学部 構築工学科[10] 拡充改組：土木工学科[10A]、建築工学科[10B] 設置

1968（S43）　4　　　工学部 環境工学科[14] 設置

1989（H 1）　4　　　工学部 造船学科[5] を船舶海洋工学科[5] に改称

1998（H10）　4　　④工学部 5・10A・10B・14の4学科 改組：「地球総合工学科」設置
　　　　　　　　　　　大学院（工）5・10A・10B・14の4専攻 改組再編成：地球総合
　　　　　　　　　　　工学専攻[*4]（専任専攻）、船舶海洋工学専攻[5]、土木工学専攻[10A]、
　　　　　　　　　　　建築工学専攻[10B]、環境工学専攻[14]設置

2005（H17）　4　　　大学院（工）　専攻［＊4、5、10A、10B、11、14］改組再編成：
　　　　　　　　　　　環境・エネルギー工学専攻[11+14]、地球総合工学専攻[*4+5+10A+10B] 設置

5）環境・エネルギー工学科（系）の誕生 と 現在の姿

　以上4つの系は、それぞれ、相互に独立して変遷を辿ることが出来たが、
5番目の環境・エネルギー工学科（系）の誕生（発端）は、「電子情報エネルギー
工学科（系）」と「地球総合工学科（系）」の変遷の最終段階で、2005（平成
17）年4月に、まず大学院の専攻の再編から、以下のように進行した。

2005（H17）　4　　　大学院（工）　専攻［11、14］改組再編成：環境・エネルギー工

　　　　　　　学専攻[11・14] 設置

2006（H18)　4　　工学部 電子情報エネルギー工学科[6・8・11・12・18]、地球総合工学科
　　　　　　　　　[5・10A・10B・14] の 2 学科改組再編成：「電子情報工学科」[6・8・12・18]、「地
　　　　　　　　　球総合工学科」[5・10A・10B]、「環境・エネルギー工学科」[11・14] 設置

　　　（＜注＞応用自然科学科、応用理工学科と合わせて 5 学科となる）
　その結果、現在の姿は、

応用自然科学科
〔応用化学科目、応用生物工学科目、精密科学科目、応用物理学科目〕
　◆大学院（工）　生命先端工学専攻、応用化学専攻、精密科学・応用物理
　　　　　　　　　学専攻

応用理工学科
〔機械工学科目、マテリアル生産科学科目（マテリアル科学コース、生産科
学コース)〕
　◆大学院（工）　知能・機能創成工学専攻、機械工学専攻、
　　　　　　　　　マテリアル生産科学専攻（マテリアル科学コース、生産
　　　　　　　　　科学コース）

電子情報工学科
〔電気電子工学科目（システム・制御・電力コース、先進電磁エネルギーコー
ス、量子電子デバイスコース)、情報通信工学科目（情報通信工学コース)〕
　◆大学院（工）　電気電子情報工学専攻（システム・制御・電力工学コース、
　　　　　　　　　先進電磁エネルギー工学コース、量子電子デバイス工学
　　　　　　　　　コース、情報通信工学コース）
　◆情報科学研究科

環境・エネルギー工学科
　◆大学院（工）　環境・エネルギー工学専攻

地球総合工学科

〔船舶海洋工学科目、社会基盤工学科目、建築工学科目〕

　◆大学院（工）　地球総合工学専攻

大学院（工）：　ビジネスエンジニアリング専攻

　（＜注＞大学院（工）は、ビジネスエンジニアリング専攻と合わせて10専攻）

上記の、学科目名、コース名は、年表の中には現れてこなかったが、昔の学科名（小学科）から引き継いだものもあり、ある程度類推いただけると思う。そこで、筆者の所属している応用理工系に限定して、以下にもう少し詳しく、教室の変遷を述べる。

4．応用理工系とマテリアル教室

　外部の方から、分かりにくくなったと言われるのは、1995（平成7）年4月からの工学部・大学院工学研究科の大学院重点化整備の開始以降ではないかと思う。筆者の所属してる応用理工系に限定すると、機械工学科[1]、産業機械工学科[13]、電子制御機械工学科[17]、材料開発工学科[4A]、材料物性工学科[4B]、生産加工工学科[9]の6学科（小学科）が、応用理工学科（大学科）となり、元の各小学科は、各1講座分の教官定員をはき出して、学部を持たない、いわゆる"専任専攻"として、知能・機能創成工学専攻[*3]（6講座）を創設し、機械物理工学専攻[1]、機械システム工学専攻[13]、電子制御機械工学専攻[17]、マテリアル応用工学専攻[4A]、マテリアル科学専攻[4B]、生産科学専攻[9]と合わせて7専攻で大学院を構成した。学部の方の応用理工学科内では、学生は2年間の共通教育の後に、3年次から機械工学科目[1+13+17]、マテリアル応用工学科目[4A]、マテリアル科学科目[4B]、生産科学科目[9]の4学科目に分属し、4年次の卒業研究では、関連の知能・機能創成工学専攻内の研究室にも配属できる。また、大学院進学先としても、直結した専攻の他に、知能・機能創成工

学専攻にも容易に進学できるように、入学試験問題などで配慮されている。表8-1と表8-2に大学院重点化整備前後の、学科・専攻の構成を示す。

　次に、2005年4月に、大学院23専攻の改組再編成が行われ、知能・機能創成工学専攻[*3]とビジネスエンジニアリング専攻[19]を除く21専攻が、8（大）専攻に集約された。応用理工系の中だけを見ると〔表8-3参照〕、機械工学（大）専攻[1+13+17]、マテリアル生産科学（大）専攻[4A+4B+9]に知能・機能創成工学専攻[*3]を加えた3専攻となった。また、これを機に、学部の方の応用理工学科内では、学生は1年間の共通教育の後に、2年次進学時から機械工学科目[1+13+17]、マテリアル生産科学科目[4A+4B+9]の2学科目のどちらかに分属し、マテリアル生産科学科目ではさらに、3年次進学時にマテリアル科学コース[4A+4B]と生産科学コース[9]のどちらかに分属する。なお大学院については、入試段階から、マテリアル科学コース[4A+4B]または生産科学コース[9]を選択の上、受験する。もちろん、大学院進学先として、直結した専攻・コースの他に、

表8-1　大学院重点化整備以前の"応用理工系"相当の学科・専攻〔1997年3月まで〕

学部	大学院
機械工学科[1]	機械工学専攻[1]
産業機械工学科[13]	産業機械工学専攻[13]
電子制御機械工学科[17]	電子制御機械工学専攻[17]
材料開発工学科[4A]	材料開発工学専攻[4A]
材料物性工学科[4B]	材料物性工学専攻[4B]
生産加工工学科[9]	生産加工工学専攻[9]

表8-2　大学院重点化整備後の"応用理工系"の学科・専攻〔1997年4月から〕

学部		大学院
応用理工学科	機械工学科目[1+13+17]	機械物理工学専攻[1]
		機械システム工学専攻[13]
		電子制御機械工学専攻[17]
	マテリアル応用工学科目[4A]	マテリアル応用工学専攻[4A]
	マテリアル科学科目[4B]	マテリアル科学専攻[4B]
	生産科学科目[9]	生産科学専攻[9]
		知能・機能創成工学専攻[*3]

表 8-3　大学院専攻改組再編成〔2005年4月から〕

学部		大学院
応用理工学科	機械工学科目[1+13+17] マテリアル生産科学科目[4A+4B+9] ・マテリアル科学コース[4A+4B] ・生産科学コース[9]	機械工学専攻[1+13+17] マテリアル生産科学専攻[4A+4B+9] ・マテリアル科学コース[4A+4B] ・生産科学コース[9] 知能・機能創成工学専攻[*3]

隣のコースあるいは知能・機能創成工学専攻にも容易に進学できるように配慮されている。

　そのほか、工学研究科内の最近の動きとして、2006年6月以降、阪大独自の「共同研究講座」（馬越佑吉副学長（当時）発案の制度）が、現時点までに13講座設置され、年表の最後の部分を賑わしているが、その中の過半数の講座の代表受入れ教員が、マテリアル生産科学専攻関係者となっている。すなわち、（6）「住友金属（鉄鋼元素循環工学）共同研究講座」（受入れ代表者：田中敏宏教授）、（7）「日新スティール（鉄鋼表面フロンティア）共同研究講座」（受入れ代表者：藤本慎司教授）、（9）「新日鐵（製銑プロセス）共同研究講座」（受入れ代表者：碓井建夫）がマテリアル科学コース、（4）「石油資源開発（パイプライン工学）共同研究講座」、（8）「三井造船（プラズマ応用工学）共同研究講座」、（10）「三菱電機 生産コンバージング・テクノロジー 共同研究講座」、（13）「溶接保全共同研究講座」が生産科学コース（協力講座を含む）となっており、（4）、（6）、（7）、（9）の4共同研究講座については、2007年11月に竣工の「山本記念館－鉄鋼共同研究棟－フロンティア研究棟2号館」にそれぞれ100㎡の専用スペースを得て、活動中である。

むすび

　以上、主として組織面に関する、大阪大学の中の工学部・工学研究科の創設の頃からの歴史を振り返り、各学科・専攻と、工学部・工学研究科内の位置付けを見てきた。その他、直近の活動を振り返ると、2001（平成13）年10

月設立の文部科学省科学技術振興調整費 "戦略的研究拠点"「フロンティア研究機構」、文部科学省 "21世紀ＣＯＥプログラム" ならびに "グローバルＣＯＥプログラム" など、全国屈指の活動を展開しており、今後ますすの発展が期待されている。ある名誉教授が、在籍中によく "「流行と不易」の両方が大事" と言われていたが、現在の工学研究科では、上記の研究拠点、ＣＯＥプログラムならびに共同研究講座を代表例として、最先端のサイエンスと基盤的エンジニアリングにかかわる研究が、有機的、相互補完的に展開され、全体として大きく羽ばたいていることを報告して、本章を結ばせて頂く。

注

1）中田雅博「適塾再考〔8〕第3部 遺産編 "近代製鉄ことはじめ"」『産経新聞』2008年7月26日（土）朝刊、4面。
2）大阪大学五十年史編集実行委員会編『大阪大学五十年史　部局史』大阪大学、1983年、388-393頁。

参考文献

・大阪大学工学部創始100周年史編集委員会編『大阪大学工学部創始百年史』大阪大学工学部、1993年
・大阪大学五十年史編集実行委員会編『大阪大学五十年史　部局史』大阪大学、1983年
・『大阪大学大学院工学研究科・工学部要覧2008』、2008年

文化

近代製鉄ことはじめ

適塾再考　第3部遺産編　⑧

緒方洪庵の適塾は、単なる蘭学や西洋医学の教育機関ではなかった。各地を渡り歩く学者たちの交流の場でもあった。

南部藩（岩手県など）出身の遠藤門下生・大島高任（一八二六〜一九〇一）も、江戸や長崎で修業を積んだ一人である。

藩医の息子として生まれ、藩の命で江戸の某医に従い坪井信道について医学の手ほどきにひかれ、学友の大砲鋳造技術書を往来してオランダの大砲鋳造技術書を翻訳。嘉永2（一八四9）年9月に適塾にやってきたときには、すでに相当な知識を身に付けていた。

大島の在塾は一年余り。自伝には「しばらく同地（大阪）に留まり、京阪の間を往来して西洋の兵書を調べ…」とあるのも、適塾でも講義を聞、大和郡山（奈良県）や河内の熊取（大阪府）に出向し、砲身の短いオランダ式臼砲を鋳造、発射技を教えたという。

当時の適塾の塾生は、一つ年上の大村益次郎。のちに大村が西洋兵学に転向したのは、大島の影響もありそうだ。

帰藩後、大島は鉄砲方に任命され、江戸の蘭学医、伊東玄朴のもとでさらに西洋砲術を研究。このとき水戸藩の儒学者、藤田東湖に見込まれ、軍備増強を図る両藩に招かれることになった。「近代製鉄の父」大島の活躍は、ここら始まる。

水戸藩の人物評価では、大島は精緻を好み、いい加減なことは大嫌い。容貌は許さない倜儻不羈タイプだったようだ。

安政3（一八五六）年、大島は他藩からの技術者らと協力し、那珂湊（茨城県ひたちなか市）で西洋式熔解炉の

釜石の大橋に二番高炉の図（大島信蔵蔵『大島高任行実』より）

大島高任（明治5年パリにて撮影）

「反射炉」を建造、鉄を製錬し、日砲の鋳造に成功した。

だが、当時の銑鉄の原料は砂鉄。量も強度も不足していた。本格的な大砲の鋳造には、質のよい鉄の安定供給が必要だ。そこで目をつけたのが、鉄鉱石（磁鉱石）の本格活用だ。大島は釜石の大橋（岩手県）を導入し、水車で動く日本最初の「高炉」（溶鉱炉）を建設する。

安政4年12月1日、ここに鉄鉱石から石炭の火力をアップし、銑鉄の初生産に成功。この日は「鉄の記念日」としてそのまま新暦…

た。だが、明治新政府にとっても優秀な技術者は必要。大島は翌明治2年に早くも採用され、大学少助教を経て鉱山・物理・総督の大島を化学・物理・英語を教え担当に抜擢される。

明治4年6月、大島は岩倉具視の遣外使節団の一員としてヨーロッパ各地の鉱山・製鉄所を視察。ドイツのフライベルクで最新製鉄の高炉をつぶさに目の当たりにし、今まで自分が違ってきた高炉が時代遅れと知る。さっそく帰国し、2カ月延ばして技術研究に没頭した。

帰国後は日本各地の鉱山開発に携わり、同じく、佐渡の鉱山局長を歴任。明治23年から近代化の年まで、日本鉱業会の初代会長を務めている。

鉱業の近代化に尽くした大島だが、教育者としての側面があったことも忘れてはならない。南部藩時代の文久元（一八六一）年、藩医の八角高遠らと洋学校「日新堂」の設立を出願。2年後に藩…

新日製鉄釜石製鉄所の前身でもあった。

日新堂は藩政改革もあり戊辰戦争で閉じたが、明治3年に鉱山技師を養成する「工学寮」（後の東京大学工学部）が明治政府に提言。これを受けて翌年、工部省内に「工学寮」を設け、日本鉱業会の初代会長を務めている。など、先進的な構想には驚かされる。

文久3年、藩政改革に関する上申書に、富国強兵の根本として人を挙げ、くに、身命の枠を超えて7歳から8年間の義務教育を行う小学校、15歳以上の秀才が学ぶ大学校、専門学校…など、教育を受けさせる小学校、専門学校…

これが国の基本は「人」、産業の基本は「鉄」の信念であり、生涯貫いた。

＝次回は8月2日

（中田雅博）

付録1　中田雅博「適塾再考〔8〕第3部遺産編」『産経新聞』2008年7月26日文化面

第9章　旧制高等学校から大阪大学教養部へ
―大阪高等学校、浪速高等学校―

菅　真城

1．豊中キャンパスの中の旧制高校

「旧制高等学校」。1950（昭和25）年にその歴史を閉じた学校を示すこの言葉は、すっかり死語になってしまった嫌いがある。しかし、旧制高等学校（以下「旧制高校」と略記）の残映は、現在の大阪大学豊中キャンパスの中にもみることができる。

附属図書館本館前には「浪高庭園」がある。この庭園は、1975年に旧制浪速高等学校（以下「浪高」と略記）創立50周年を記念して浪高同窓会から寄贈されたものである。イ号館は、浪高本館として1929年に竣工した。現存する大阪大学の建物の中で最も古いこの建物は、2004（平成16）年に国の登録有形文化財に登録された。共通教育物理学棟のステンドグラスは、浪高尋常科の玄関を飾っていたものである。そして、現在の豊中キャンパス自体が、浪高の敷地を拡張して形成されたものである。

正門を入って左側の小高い森は、「大高の森」である。これは、旧制大阪高等学校（以下「大高」と略記）創立50周年を記念して、1972年に大高同窓会により植樹寄贈されたものである。

そして、新制大阪大学で行われた一般教育、現在の全学共通教育は、旧制高校の教育の系譜をひくものである。

写真9-1　浪高庭園

写真9-2　イ号館

写真9-3　大高の森

2．旧制高等学校とは

　旧制高校の歴史は、1886（明治19）年に設置された高等中学校に遡る。全国を5つの学区にわけ、学区ごとに1校の高等中学校を置くとともに、この他に山口・鹿児島を文部大臣管理中学校として設立した。大阪の地には、第三高等中学校が設置されたが、この学校は、適塾・舎密局の系譜をひく大学分校を改称したものである。同年末には、第三高等中学校は大阪から京都へ移転することが決まったが、これには「文相森有礼の意向が強く働いたと言うが、その背後で、京都府側の積極的な誘致運動が展開されており、逆に大阪府側の引き留め工作はほとんどなきに等しかった」ためである[1]。「大阪に第三高等中学校が残っていたら京都ではなく、大阪に二番目の帝国大学ができていたかもしれない」[2]。高等中学校には、高度の普通教育にあたる本科と専門学部が置かれたが、本科卒業生は帝国大学に進学していった。

　1894年の「高等学校令」により、高等中学校は高等学校と改称された。同

令では、高校は「専門学科ヲ教授スル所」とされたが、入学者は「帝国大学ニ入学スル者ノ為予科」に集中し、専門学部は発達しなかった。明治時代には第一〜第八の8つの官立高校が設置された。これらの高校は、ナンバースクールと呼ばれた。

　その後1918（大正7）年の新しい「高等学校令」で、高等学校制度に改革が加えられた。高校は「男子ノ高等普通教育ヲ完成スルヲ以テ目的トシ特ニ国民道徳ノ充実ニ力ムヘキモノトス」と目的が変更された。制度上は大学予科としての性格ではなく高等普通教育機関と改められたのであるが、実態は大学予科としての性格が残存した。官立のほか公立・私立の高校設立が認められた。修業年限は7年（高等科3年・尋常科4年）とされたが、実際には高等科3年のみの高校が大多数であり、7年制は特異な形態とみなされ「七年制高等学校」と呼ばれた。大正末期には高校入学希望者増加に対応して高校拡張政策がとられ、各地に官立高校が増設されていった。これらの高校名には地名が冠せられ、地名校と呼ばれた。このほか、公立・私立の高校も設置されていったが、これらはいずれも7年制であった。

　第二次世界大戦遂行への国家的要請は、旧制高校にも影響を及ぼした。工場等への「学徒勤労動員」が行われた。旧制高校の修学年限は3年であるが、1942（昭和17）年9月卒業生からは在学年限が2半年に、1943年からは2年に短縮された。同じく1943年には在学徴収延期特例が見直され、文科の生徒は「学徒出陣」していった。この年、大高では10名、浪高では18名の生徒が出陣した。在学年限が3年制に復したのは、戦後1946年になってであった。

　このように旧制高校は高等普通教育を目的としたのであるが、実質的には大学予備教育であり、その制度的矛盾はすでに高校発足時からはらまれていた。旧制高校の学科課程の特徴は、外国語教育の重視である。授業時間数の3〜4割程度が外国語にあてられた。これは、大学で専門を学ぶためには外国語の習得が必要不可欠であったためである。そして、旧制高校の最大の特徴は、大学進学が保証されていたことにある。大正末頃までは旧制高校を卒業するとそのまま帝国大学に入学できた。大学入試も現在のように厳しいものではなかった。そのかわり、旧制高校の入試は激烈をきわめ、その制度も

転変した。旧制高校入学者は将来が保証されたエリート候補者であり、旧制高校の3年間は、受験に惑わされることなく、読書や思索などに十分な時間が与えられ、人間形成の場であった。彼らは、「蛮カラ」と呼ばれた独特の風姿をし、多くは寮生活を営み、「ストーム」など独特の高校文化を形成した。

　旧制高校は、1945年までは男子だけの学校であり、女子が入学したのは、戦後1946年以降であったことにも注意しておく必要がある。例えば大高の場合、女子生徒は1948年入学生に1名いたのみである。

3．大阪高等学校

　1921（大正10）年11月8日、大高が設置された。大正期に増設された17の官立高校の1つである。

　官立ではあるが、創設経費の半額は地元大阪府市が負担した。1919年5月の臨時大阪府会で林市蔵知事から「大阪府下に高等学校を建設する費用として80万円を負担するよう求められたが、文部省と交渉の結果、40万円を府と市で半額ずつ負担して応じたい」と提案、承認された。同年には外国語学部の前身である大阪外国語学校が林蝶子からの100万円の寄附により設立されている（詳しくは第17章参照）。当時の高等教育機関の増設には寄附金によるものがみられ、水戸高等学校（1920年設置、現在の茨城大学）、三重高等農林学校（1921年設置、現在の三重大学）の設置にあたっても寄附金が充てられた[3]。

　1922年4月、第1期生203名が入学し、5月には開校式が執り行われた。

　設置時には、文科甲類・乙類・理科甲類・乙類・丙類の5クラスが置かれた。甲類は英語を第1外国語、乙類はドイツ語を第1外国語、丙類はフランス語を第1外国語とするものであり、理科丙類を有するのは、大高の他には東京高等学校のみであった。理科丙類が置かれたのは、1942年入学の第21回までであった。1947年には、文科丙類が設置された。

　設置時の各クラスの定員は各40名、1学年200名で3学年計600名であったが、1935〜1938年入学生は、不景気のため各クラス30名に減員されている。クラス数についても、戦時教育体制の影響により理科が拡充され、1942〜

写真9-4　大阪高等学校（創設当時）
　　　　左側より、校舎、生徒集会所、武道場、雨天体操場、6棟の寮、
　　　　食堂、教官官舎

1944年入学生は文科2・理科5、1945年は文科3・理科5、1946年は文科2・理科4、1947〜1948年は文科3・理科4と変遷している。

　学校が置かれたのは、大阪府東成郡天王寺村（現大阪市阿倍野区天王寺町）であった。大高は他の高校と比して学校用地が狭く、そのため当時はまだ珍しかった鉄筋コンクリート3階建ての校舎は、一般的な学校建築とは異なり直接道路に接して建てられた。

　出身中学校は、地元大阪府下の中学が圧倒的に多いのが特徴である。

4．浪速高等学校

　大阪府立浪速高等学校は、府立大阪医科大学予科を発展的に解消し、1926（大正15）年3月に設置された。尋常科4年、高等科3年からなる七年制高等学校である。翌4月から府立豊中中学校（現在の豊中高等学校）校舎の一部を借りて尋常科の授業を開始し、1927（昭和2）年4月には高等科1期生が入

写真9-5　浪速高等学校
左上より、高等科校舎、理科研究実験棟、尋常科校舎

学した。1928年10月には待兼山（現在の大阪大学豊中キャンパス）に新校舎の
一部が落成してこの地に移転し、1929年には校舎が完成した。

　尋常科は各学年をA・B組に分け、各組定員は40名であった。高等科には
文科甲類・乙類・理科甲類・乙類の4クラスが置かれ、各クラスの定員は40
名であった。1学年定員160名は、尋常科修了者80名と他の中学校5年卒業
者および4年修了者80名から構成された。

5．旧制高校の終焉、大阪大学教養部の成立と解体

　戦後の教育改革により、旧制高校はその歴史に幕を閉じることになった。
新制大阪大学は、1949（昭和24）年5月31日に発足したが、大高は同日に大
阪大学に包括され、「大阪大学大阪高等学校」と校名変更し、1950年に廃校
となった。浪高も1949年5月31日に大阪大学に併合され、1950年に廃校となっ

た。

　さて、新制大学の特徴と課題は一般教育（general education）にあった。大阪大学では、1949年6月に一般教養部を設置し、一般教育にあたったが、その担い手は主として旧制高校教員であった。大高は一般教養部南校、浪高は同北校となった。浪高の敷地、教員は大阪大学へ移管されたが、図書のほとんどは浪速大学（大阪府立大学）へ移った。南北両校に分かれての教育には困難が伴い、国の国立大学総合整備計画（1951年5月文部事務次官通知）にも従って、南校は1960年に北校と合併・閉鎖された。

　このように大阪大学は、官立の大高と府立の浪高という2つの旧制高校を母体として一般教育を行った。2つの旧制高校を母体として一般教育を行ったのは、他には第一高等学校と東京高等学校（7年制）を包括した東京大学のみである。東京大学の包括校は2校とも官立であったのに対して、大阪大学の場合は府立の浪高の移管という困難を伴った。文部省・阪大・浪高は法文学部設立のためにも浪高を阪大に併合したいと希望していたが、大阪府は府立大学に昇格させる希望を持っていた。浪高の阪大への併合は、今村荒男総長と赤間文三知事との会談により実現したといわれている[4]。浪高の阪大への併合の代償に、官立大阪工業専門学校は大阪府に移管され、府立大学工学部の母体となった。

　一般教養部は、1957年6月に学内措置により教養部と改称し、その後1963年4月に教養部は文部省令で定める組織となった。

　一般教育は新制大学の特徴ではあったが、多くの問題を抱えていた。教養部の教員は、学部の教員に比べ、教育・研究条件で格差を強いられた。学生からは高校教育の繰り返しという批判が行われ、大人数によるマスプロ教育が問題視された。

　教養部では特に、語学と体育の教員の処遇が問題であった。そのため大阪大学では他大学に先駆けて、1974年に言語文化部を、1981年に健康体育部を設置し、改革にあたった。

　1991（平成3）年には大学設置基準が大綱化され、「一般教育科目」が姿を消した。これに伴い、多くの大学で教養部が解体されていった。教養部解体

により新しい学部を設置した大学もあるが、大阪大学では新学部新設は行わず、1994年に全学共通教育機構を設置し、全学部の教員が全学共通教育（旧一般教育）を担当する体制をとった。その後2004年には、全学共通教育の企画・運営を担う大学教育実践センターを設置した。

　現在の大阪大学は、「教養」「デザイン力」「国際性」の３つを教育目標に掲げている。「教養」とは、高等教育にとって古くて新しい課題である。

注

1）京都大学百年史編集委員会編『京都大学百年史　総説編』財団法人京都大学後援会、1998年、79頁。
2）竹内洋『日本の近代12　学歴貴族の栄光と挫折』中央公論新社、1999年、48頁。
3）大阪外国語大学70年史編集委員会編『大阪外国語大学70年史』大阪外国語大学70年史刊行会、1992年、11頁。
4）上野政次郎『風雪七十年』1968年、大阪大学五十年史編集実行委員会編『大阪大学五十年史　通史』大阪大学、1985年、に再録。

参考文献

・大阪大学五十年史編集実行委員会編『大阪大学五十年史　通史』大阪大学、1985年
・旧制大阪高等学校七十周年記念祭・事業委員会編『旧制大阪高等学校史』大阪高等学校同窓会、1991年
・旧制浪速高等学校同窓会資料収集委員会編『待兼山　青春の軌跡－旧制浪速高等学校創立70年記念誌－』旧制浪速高等学校同窓会、1995年
・久保義三・米田俊彦・駒込武・児美川孝一朗編『現代教育史事典』東京書籍、2001年
・竹内洋『日本の近代12　学歴貴族の栄光と挫折』中央公論新社、1999年

Ⅳ　その後の発展

第10章　法学部

中尾　敏充

　本章は、法学部の創設時期の状況を中心に記述し、その記述は、『大阪大学五十年史　部局史』及び『大阪大学法学部50周年記念アルバム』の関連箇所を参考にして要約したものである。

1.　創　設

　本学部は1948（昭和23）年9月14日、文部省令第17号により大阪大学法文学部（旧制）法学科として設置された。1931年6番目の帝国大学として本学が設置された当初から文科系学部を含む総合大学として設置しようとする計画が考えられていたが、当時の財政状況などから医・理の2学部で発足し、その後、工学部が加わった。1931年9月に満州事変が勃発し、つづいて日中戦争から太平洋戦争に突入したため、文科系学部の設置は実現をみないまま敗戦を迎えるに至ったのである。

　しかし、大阪には、江戸時代に富裕な町人たちがすでに懐徳堂を設立して智徳を研鑽し、また緒方洪庵が洋学塾＝適塾を建てて、自由な教育と研究を行い、日本全国から英才を集め、人材を育成するという自由闊達な精神的土壌が文化的伝統として生き続けていたのである。この伝統は、戦後の混乱と動揺のなかで、商都大阪にある本学にも文科系学部を設置すべきである、という大阪府民、市民の声となって、設置の気運を大きく高めることとなった。

1945年10月、本学評議会が人文科学研究部門の設置を建議し、当時の第5代総長今村荒男が、戦後の悪条件下にもかかわらず、文科系学部の設置に鋭意努力したのである。今村総長は、当時の京都大学法学部長瀧川幸辰、元法学部長宮本英雄および東京大学法学部長我妻榮の3教授に法学科関係の教官の人選を依頼し、1947年には、計画が具体化し、学科の陣容及び体制が出来上がり、文部省へ設置申請することとなったのである。

こうしてようやく、1948年9月、待望の法文学部が大阪大学の旧制学部の一つとして設置され、その1学科に法学科が置かれるに至ったのである。

2．創設時のスタッフ

1948（昭和23）年9月の法文学部法学科創設当時および翌年5月の法経学部法学科のスタッフには、教授陣に関西学院大学教授石本雅男（民法）、大阪家事審判所長・判事大阪谷公雄（商法）、京都大学教授小野木常（民事訴訟法）、立命館大学教授大淵仁右衛門（国際法）、立命館大学教授磯崎辰五郎（行政法）、立命館大学教授森義宣（政治学）、衆議院常任委員会専門調査員武藤智雄（法制史）、助教授陣に同志社大学助教授瀧川春雄（刑法）、同志社大学助教授熊谷開作（法制史）をそれぞれ専任教官として迎え、他に兼任教授大石義雄（京都大学教授・憲法）、兼任助教授磯村哲（京都大学助教授・民法）、また非常勤講師として中谷敬寿（関西大学教授・憲法）、実方正雄（大阪市立大学教授・フランス法）らが迎えられた。

写真10-1、10-2は、1953年7月法学部として独立した当時、専任の教授・助教授・講師の一覧である。これらの先生方が法学部の礎を築いたのである。

上記の先生方以外の先生方は、以下のとおりである。

覺道豊治助教授（憲法）、木村慎一助教授（労働法）、小橋一郎助教授（商法）、中武靖夫助教授（刑事訴訟法）、矢崎光圀助教授（法理学）、大浦敏弘講師（政治史）、中野貞一郎講師（民事訴訟法）

写真10-1　法学部独立当時の教官

覺道豊治助教授　　　木村慎一助教授　　　熊谷開作助教授

小橋一郎助教授　　　中武靖夫助教授　　　矢崎光圀助教授

大浦敏弘講師　　　中野貞一郎講師

写真10-2　法学部独立当時の教官

3．学科の分離・独立、大学院

　設置間もない法学科は、翌1949（昭和24）年5月31日の国立学校設置法（法律第150号）の施行により、文学部と法経学部に分離、独立されたため、法経学部の1学科となった。この時、新制大阪大学もスタートし、法学科も旧制と新制が併置された。その後、法経学部は、1953年7月28日、国立学校設置法の一部を改正する法律（法律第88号）により、法学部と経済学部とに分離し、ここに法学科は、単独の1学部として独立するに至った。すでに敗戦から8年が経過していたが、この期間に旧制1期から旧制3期の学生と新制1期の学生が卒業していた。旧制1期の卒業生は約40名であった。

　大学院は、旧制大学院が1948年9月14日の法文学部法学科創設の際に発足し、1953年度には新制大学院法学研究科が設置された。最初は、民事法5講座、法制史2講座および法理学1講座の8講座を基礎とする民事法学専攻（修士課程・博士課程）のみが設置されたが、1955年度には、憲法、行政法、刑事法、国際法および政治学の5講座を基礎とする公法学専攻（修士課程・博士課程）が加えられた。

4．創設当時の状況

　創設時の法学部教授石本雅男（民法）は、当時の状況について、次のように説明している。

　　当時は本当に食糧事情が悪くて、学生たちも苦労していました。僕も家で芋を作っていたくらいですから。だから、まず食料、それから住居。学問に取り組む前に、そのような問題を解決しなければならなかったんです。
　　図書もなければ研究室もない。教授を招聘するにも、みなさん世帯を持っておられるので家探しから始めるわけですから。教授のなかには、校舎

に住んでいた方もおられたし、研究室の隣に住んでいた新婚の教授もいらっしゃったくらいです。

どこの企業にあいさつにいってもね、知らないのですよ、阪大法科を。それはどこの大学です？と聞かれるくらいでした。学生の推薦状を書くのも、一人一人手書きだったんです。私のところは演習の学生が多かったので、夕方から学生が集まって、夜の12時頃まで書いていた。もう頭がぽーっとしてしまって、明日にしてくれと頼んだこともありました。推薦した学生の評判が良かったので、翌年からもう好感を持って迎えられました。これは我々も嬉しかったですね。

先輩はいない。建物は古い。書物もない。そのようななかで、自分たちが実績を作り、少しでも早く大学らしい大学に育てようという開拓者としての気概を、口には出さないものの我々教授たちが心に抱いていたのだと思います。

また、1950年6月に助教授として赴任した覺道豊治（憲法）も、研究環境について次のように述べている。

研究室はベニヤ板で仕切った狭い部屋で、助教授は一部屋に2人づつの合い部屋であった。（中略）最も困ったのは、研究用の書物類が全くといってよいほどなかったことである。なにしろ従来法学部なるものはなかったのであるから、無理からぬことではあった。ただ私個人については、それまで京大の大学院特別研生であったので、自由に京大の書物を使っていたが、それをそのまま継続させてもらえたので全く不自由はなかった。（中略）しかし阪大自体の書物を集めるのには一生懸命であったことはもちろんである。とりわけ有難かったことは、私の指導教授でもあった佐々木惣一先生の膨大な蔵書を阪大が頂戴できたことである。佐々木先生の蔵書は法学全般にわたっていたが、当然ながらとくに公法関係のものが圧倒的に多く、またドイツ公法の分野が多かったので、私にとっては幸甚の至りであった。

写真10-3　石本雅男教授を囲んで　1951年3月頃

　以上のように説明している創設時の状況から、先生方や卒業生たちの奮闘によって、大阪大学法学部の名声が高まり、各分野で活躍される人材が多く輩出されていった。

　写真10-3は、石本雅男教授の民法ゼミ第一期生が先生を囲んで撮影した記念写真である。一期生として社会に出て行く不安を抱きながらも、先駆者としての気概に溢れた面持ちが見て取れる。石本教授の人柄もあって、教官と学生という以上に、新しい法学部を創り出していくという理想を抱いた同志たちといった雰囲気である。

5．研究と教育

　法文学部創設当初、研究図書が少なく、教員・学生にとっては、資料室を設置・充実することは喫緊の問題であった。他大学や雑誌出版元に寄贈を依頼する一方、多方面から研究図書を購入する努力が続けられた。とくに、当時の公法学・国法学を代表する学者として、「東の美濃部」「西の佐々木」と並び称された、京都帝国大学名誉教授の佐々木惣一博士の蔵書を譲り受けた

写真10-4　資料室

写真10-5　講義風景

　ことによって、総数5,517冊に及ぶ佐々木文庫が誕生した。そのほかにも、伊藤重次博士、斎藤常三郎博士、青木徹二博士の貴重な蔵書がそれぞれ伊藤文庫、斎藤文庫、青木文庫として所蔵され、資料室の充実に役立ったのである。

　写真10-4は、1960（昭和35）年3月、文科系3学部の新しい建物に移った法学部資料室の一部である。このころには苦労が実り文献もようやく充実しはじめた。

　教員にとって自らの研究成果を公表することは、重要な仕事であった。こ

写真10-6　木造
講義棟（上）と
その内部（下）

　の研究成果を掲載する機関誌の発刊は、創設以来、念願の課題であったが、1951年12月、法学科の教官及び学生を構成員とする研究団体大阪大学法学会が結成された。その事業の一環として「阪大法学」第1号が1951年12月に発刊された。阪大法学創刊号は紙不足が深刻な時代にあって、全170頁のものであった。当初は、年4回の発行であったが、現在は6回発行している。「発刊の辞」には、終戦後の諸制度の根本的変革の時代にあって、いささかでも学界に寄与したいとの意欲が述べられている。法学会の事業には、教員と学

生が参加する法学会大会の開催もその一つとして掲げられており、1952年11月に第1回が開催されている。

　当時の講義は、教員の最新の研究成果を学生に発表するものであり、学生は必死になってノートを取っていた。法学部では、ドイツ、フランス、イギリスなどの最新の学説などが紹介され、現在の講義とは異なるものとなっている。

　写真10-5は、森義宣教授が政治学の講義で、新しい時代にふさわしい近代民主主義の諸原理を学生に説いている様子が窺える。学生服に身を包んだ学生たちが真摯に講義を受けている様子が伝わってくる写真である。

　写真10-6は、法学部の講義が行われていた木造校舎で、現在の言語文化研究科の辺りにA・B・Cの3棟の建物の一部である。校舎内には暖房施設もなく、冬季には、学生は外套を着用したまま講義を受けなければならなかった。

　本学部は、創設当初から「少人数教育」を重視し、演習はもとより、講義についても可能な限り少ない人数で教育を行い、教員と学生が緊密に接することのできる教育環境を整備してきた。そのために小講座制の維持にこだわった時期もあった。1992（平成4）年現在で法学部に設置されていた講座は、以下の27講座である。

　憲法講座、比較憲法講座、行政法講座、地方自治法・税法講座、民法第一講座、民法第二講座、民法第三講座、民事訴訟法講座、商法第一講座、商法第二講座、刑法講座、刑事訴訟法講座、労働法講座、国際法講座、国際取引法講座、国際経済法講座、国際民事訴訟法講座、西洋法制史講座、日本法制史講座、法理学講座、比較法文化論講座、アジア法政論講座、比較法政論講座、政治学講座、政治史講座、行政学講座、国際行動論講座

参考文献
・大阪大学五十年史編集実行委員会編『大阪大学五十年史　部局史』大阪大学、1983年
・大阪大学法学部50年史編集委員会編『大阪大学法学部50周年記念アルバム』大阪大学法学部、1998年

第11章　文学部

村田　路人

1．創設期 (1948年～1950年代半ば)

　1948 (昭和23) 年9月14日、文部省令第17号により、大阪大学法文学部が
開設された[1]。現在の文学部は、翌49年5月にこの法文学部から分離独立し
たものであるが、独立は法文学部創設当初から予定されていたことで、文・
法・経の各学部では、いずれも48年9月14日を学部創設日としている。

　阪大に人文科学系学部を開設する構想は戦時中よりあったが、実現しな
かった。しかし、45年8月の敗戦後間もない時期から、開設実現に向けての
動きが活発化し、大阪財界人の協力をも得て48年9月に実現を見たものであ
る。

　法文学部開設の背景・根拠の一つとして、当時、大阪には大阪府所蔵の大
原社会問題研究所旧蔵図書と懐徳堂記念会所蔵の懐徳堂文庫があったことは
注意しておいてよい。45年10月に、大阪帝国大学評議会が文部大臣に対して
提出した建議書には、「其の実現の暁に於いては、現在地元に保管中の大原
社会問題研究所旧蔵図書と懐徳堂文庫等膨大なる稀覯資料の有効適切なる活
用も期待せらるるのみならず」とあるように、これらの文献が新学部で活用
されることが期待されたのである。大原社会問題研究所旧蔵図書については、
結局大阪府から阪大に移管されることはなかったが、3万6000冊にのぼる懐

徳堂文庫は、法文学部開設後の49年12月に懐徳堂記念会より阪大に寄贈された。この懐徳堂文庫は、その後附属図書館の貴重書室で保管され、現在に至っている。

　法文学部は、法・経済・文の3学科によって構成されることになり、初年度の募集定員はそれぞれ約40名であった。最初の入学試験は48年9月に行われ、翌月に第1回入学宣誓式が行われた。文学科には、哲学哲学史、支那哲学（54年4月より中国哲学と改称）、心理学、社会学、国史学、国文学、英文学の7講座が置かれた。

　翌49年5月、法文学部から哲学科・史学科・文学科の3学科構成をとる文学部が分離独立した。このとき、哲学哲学史第二、倫理学、教育学第一、教育学第二、東洋史学、西洋史学、独文学の7講座が増設され、講座数は14講座となった。8月には、桑田芳蔵法文学部長（東京帝国大学名誉教授、心理学）が初代文学部長に就任した。講座の増設はその後も続き、50年4月に心理学第二、社会学第二、仏文学の各講座、51年4月に教育学第三講座、52年4月に教育学第四講座が増設された。教育学第四講座の増設に伴い、それまで哲学科所属であった教育学の4講座が教育学科として独立し、文学部は4学科構成となった。このあと、53年8月に印度哲学講座が増設された。この間、52年8月に、教員の研究誌である『大阪大学文学部紀要』の創刊をみている。

　ところで、戦後の高等教育改革として4年制の新制大学の発足がある。49年5月に国立大学設置法が公布され、旧制の大阪大学は新制の大阪大学に移行した。新制大阪大学の各学部の第1回入学試験は同年6月に行われ、文学部（定員60名）の合格者は62名であった。同月、新制第1回の入学式が行われた。一方、旧制における学生募集は50年度まで3年度にわたって行われ（入学者は48年度40名、49年度43名、50年度56名）、旧制の学生が卒業する53年3月まで、文学部は旧制の学生と、新制の学生が併存することになった。入学者のうち女子は、旧制は48年度1名、49年度6名、50年度3名と、圧倒的に男子の比率が高かったが、新制は49年度こそ62名中2名であったものの、50年度には58名中21名、51年度には77名中28名となった。発足当初から女子の入学者の比率が高かったことは注目される。

　なお、法文学部の設置とともに、大学院も設置された。これは旧制に基づくもので、62年3月まで存続した。この間、53年3月に新制の大学院文学研究科が発足したため、大学院も、しばらく新制・旧制併存時代が続いた。新制の大学院文学研究科は、発足当初、哲学哲学史、心理学、社会学、教育学、国文学、英文学、独文学、仏文学の8専攻より構成され、55年7月に史学専攻が加わった。

　文学部は、法経学部（53年8月、法学部・経済学部に分離）とともに、待兼山の大阪府立浪速高等学校尋常科の校舎（のちの教養部ニ号館。同高校は50年3月に閉校となる）の一部を教員室・事務室・教室・資料室等にあてていた。この建物は薄暗く、「部屋の入口の戸はレールがついているが開け閉めには力がいり、ガタガタと音をたてて重かった」[2]との回想が物語るように、使い勝手の悪いものであった。もちろん、図書もはなはだ貧弱なものであったことはいうまでもない。

　しかし、教室については、少しずつ充実の兆しが見えてきた。すなわち、文法経3学部共同利用の木造2階建の教室用校舎が51年2月に2棟、52年1月に1棟完成し、授業はここで行われることになったのである。3棟はA棟・B棟・C棟と名付けられ、B棟は現在の言語文化研究科の建物があるところ、A棟はその北側、C棟は現在の旧制浪高創立五拾周年記念園の場所（現在の文法経本館の北側）に建てられた。B棟・C棟は72年8月に撤去されたが、A棟はその後もしばらく残され、66年4月からは学生部の建物として使用されていた。このA棟が撤去されるのは、80年8月のことである。

2．1950年代半ば～60年代末

　国史研究室が1954（昭和29）年7月に発行した『研究室通信』第1号で、国史学講座藤直幹教授が、「これまで文学部の建物は旧浪速高等学校々舎を受けついだものであったが、この春、学部として最初の新営建物が竣工し研究室もそれに移転したことによって、旧研究室における五ヶ年の出来事は過去のものと考えられるようになった」と感慨深く記している。「五ヶ年の出

写真11-1　文学部の建物（旧浪速高等学校尋常科）の前に立つ文学部3教授
左より藤直幹（国史学）・桑田六郎（東洋史学）・村田数之亮（西洋史学）の
各教授。1952（昭和27）年3月。

来事」とは、創設期の様々な苦難のことであるが、「学部として最初の新営
建物」が完成したことをもって、新たな時代が到来したととらえているので
ある。国史研究室構成員と卒業生を対象に、研究室の諸活動を定期的に知ら
せる『研究室通信』の発刊自体が、そのような意識を背景とするものであっ
た。文学部同窓会の発足もこのころで、54年9月に「大阪大学文学部同窓会
規約」[3] を定めている。

　「新営建物」とは、のちに教養部ロ号館と名付けられることになる建物の
ことで、現在の共通教育棟の場所にあった。一般教養部の充実のため、51年、

写真11-2　1958（昭和33）年当時の豊中キャンパス

手前の木造校舎は、左上がＡ棟、左下がＢ棟、その右がＣ棟。Ｃ棟の向かい
は教養部ロ号館となった建物。その左側はかつての浪速高等学校尋常科の建物。

旧浪速高等学校尋常科の建物の東側に建設用地を購入し、53年から鉄筋の建
物が順次建設されたが、これらの建物はすぐに一般教養部のために使用され
たのではなく、60年３月まで文系３学部の研究室や事務室として利用された
のであった[1]。当時、この建物は新館と呼ばれたが、文学部は、54年３月よ
り順次旧浪高尋常科校舎からこの新館に移転した。これにより、文法経３学
部の研究・教育環境は大幅に改善されることになる。

　このころには、講座の増設は一段落していたが、その後も増設は続いた。
60年代末までの開設状況を記すと、54年４月教育学第五講座、56年４月国史
学第二講座（63年日本思想史講座と改称）、60年４月英文学第二講座（63年英語
学講座と改称）、64年４月国語学講座、66年４月西洋近世史講座となる。この
ほか、講座としてではないが、56年２月に人文地理学が史学科に置かれ、同

年5月に担当の専任講師を採用した[5]。

　さて、60年3月、C棟南側の旧グラウンド跡に文法経3学部の鉄筋の建物が完成した。北側部分・西側部分・南側部分から構成されている現在の文法経本館（現A棟）の北側部分にあたる。工事はその後も続き、67年11月に現在のコの字形の建物となって完成した。文学部は、60年春より順次この新棟に移った。同年4月には、心理学実験棟も完成した。この建物は、現在資料実習・収蔵室として利用されている建物（現C棟）である。なお、心理学研究室は、木造C棟に置かれていた[6]。

　学生・院生の研究活動に深いかかわりのある図書室は、51年度より設けられた。当初は、共同図書室第一（哲学関係）、同第二（史学・文学関係）と称し、旧浪高尋常科校舎の中にあった。これは、図書閲覧室兼専攻研究室というべきもので、53年度の新制大学院発足を機に合同研究室と改称された。54年春以降の文学部の新館（のちのロ号館）への移転、60年春よりの文法経本館（現A棟）への移転に伴い、合同研究室も移動した[7]。

　なお、『待兼山論叢』が67年に創刊されたことにも注意しておく必要がある。それまで、教員の研究誌である『大阪大学文学部紀要』は毎年刊行されていたが、大学院生らが論文を発表できる研究誌はなかった。同年、教員・院生・学部生・卒業生による「大阪大学文学会」が結成され、会誌『待兼山論叢』が刊行されることになった。

3．1960年代末〜90年代半ば

　1967（昭和42）年より、大学紛争が全国的に広がった。阪大でも、67年末より、紛争の中で行われた学生処分や大学運営のあり方、また、69年の「大学の運営に関する臨時措置法」制定などをめぐって学内が騒然とし、大学・学生間、あるいは学生間の対立・衝突が繰り返された。69年2月に教養部が封鎖され、続いて4月14日には文法経3学部も封鎖されるに至った。この封鎖は11月16日まで続き、その間、文学部教授会の支持のもと、C棟前で文学部教員有志によるリレー式の断食座り込み（1人36時間）も行われた。その後、

72年2月にも文学部の封鎖があった[8]。

　このような中、教育学科（5講座）および哲学科所属の心理学（2講座）・社会学（2講座）を独立させようという60年代半ばからの構想が現実化し、72年5月、これらを統合した人間科学部が誕生した。

　この人間科学部の創設により、文学部は、関係講座が抜けたあとの文学部・文学研究科の拡充が次の課題となった。これは、美学科の創設（73年4月）と大学院日本学専攻の創設（75年4月）という形で実現した。美学科については、74年6月に美学および美術史第一、75年4月に文芸学および芸能史・演劇学、76年5月に音楽学および美術史第二の各講座が設置され、これをもって講座設置が完了した。なお、文学部の入学定員は、開設当初より60名（新制）であったが、71年度に80名となっていた。これが、73年度の美学科（定員30名）創設により110名となった。

　日本学専攻については、75年4月に日本文化学および比較文化学の両講座が設置され（74年6月に日本学講座が設置されていたが、このとき廃止された）、77年4月には社会言語学講座が設置された。日本学専攻は大学院のみの独立専攻であったが、86年4月、文学部に日本学科が創設された。同学科は、日本文化学、比較文化学、文化交流史の文化系3講座、現代日本語学、社会言語学、日本語教育学の言語系3講座によって構成された。日本学科の創設に応じて日本学棟が新たに建てられ、88年9月に関係講座はそこに移った。

　その他、90年代半ばまでの講座増設については、79年4月のアジア諸民族史講座、88年4月の考古学講座、92年4月の比較文学講座、93年4月のアメリカ文学講座がある。

　大学院については、人間科学部の創設に伴い、72年4月に心理学・社会学・教育学の3専攻が人間科学研究科に振り替えられたほか、前述のように、75年4月に日本学専攻が設置された。77年4月には、学部の美学科に対応する専攻として芸術学専攻が設置された[9]。また、この間、75年4月には大学院の課程が博士課程となり、それまでの修士課程は大学院前期課程、博士課程は同後期課程と改称された[10]。

　さて、この時期の特筆すべき事柄として、各研究室が独自の部屋を獲得し

たことをあげることができるだろう（以下、組織としての研究室＝学部専攻と区別するために、スペースとしての研究室を「研究室」と表記する）。文学部では早くから、たとえば、国史学第一講座と同第二講座（のち日本思想史講座）は国史研究室、西洋史学講座と西洋近世史講座は西洋史研究室というように、研究室＝学部専攻を単位として、研究・教育が行われていたのであるが、各研究室は当初からそれぞれ固有の「研究室」を有していたわけではなかった。共同図書室（第一、第二）、あるいはその後身である合同研究室が、その機能を兼ね備えていた。共同図書室第一が哲学関係、同第二が史学・文学関係の図書閲覧室兼専攻研究室であったことは前述したが、71年度末の段階では、合同研究室の閲覧スペースはA室・B室・C室の3室に分かれていた。B室には国史・国文・独文・印哲等の図書、C室には哲学その他の図書、A室にはそれら以外の図書が収められていたようである[11]。

　このようなあり方が大きく変化するのは72年春のことである。その要因となったのは、新しい建物の建設と図書管理のあり方の変化である。前者については、72年3月、文法経本館の西側に文学部研究講義棟（現B棟）が完成した。後者については、この年1月、附属図書館研究閲覧棟が完成し、附属図書館による図書の集中管理が行われることになった。それに伴い、合同研究室に配架されていた図書は附属図書館本館に返却されることになり、合研スペースは著しく縮小されることになった[12]。

　こうして、57スパン分（ただし、71年6月の計画段階の数字）の部屋が新たに利用可能となり、それらは教室・「研究室」・実験室などにあてられることになった。「研究室」・実験室の配分基準は1専攻につき2スパンで、2講座の場合は1スパン、4講座の場合は2スパンを加えるというものであった[13]。これにより、各研究室は専用の「研究室」をもつことができるようになった。

　附属図書館による図書の集中管理により、約3万5,000冊の図書が合同研究室から図書館に搬出されたが、他は文学部に残された。それらは、各研究室の管理のもとに置かれることになり、教官室や「研究室」に配架された。「研究室」の利用の仕方は、研究室によって違いがあったが、多くはその学問分野の図書が配架され、学生・院生の研究の場となった。現在、文学研究

写真11-3　附属図書館より西方向を望む
左は文法経本館。右後方にかつての木造Ａ棟が見える。このころは学生部とし
て使用されていた。1980年。

科・文学部においては、このスタイルが当たり前のようになっているが、そ
の原型ができたのはこの時であった。
　なお、新たに完成した文学部研究講義棟は、おもに新設の人間科学部関係
講座に割り与えられたが、同学部は75年３月に吹田キャンパスの新校舎に移
転し、そのあとは美学科が使用することになった。心理学実験棟も、文学部
が資料実習・収蔵室として使用することになった。こうして、文学部本館は
Ａ棟、文学部研究講義棟（美学棟）はＢ棟、資料実習・収蔵室はＣ棟と名付
けられることになったのである。

4．1990年代半ば～現在

　1990（平成２）年代に入ると、戦後の新制大学発足以来の大学改革が開始

される。まず、91年の大学設置基準の改訂（大綱化）により、国立大学の多くが教養部を廃止した。阪大では94年3月に教養部が廃止され、教養部教員は各部局に分属することになった。これにより、教養部教員のうち17名の人文系教員が文学部に配置換えとなった。この結果、文学部の教員数は約100名となった。

翌95年4月、文学部は従来の5学科を人文学科1学科に統合するとともに、それまでの小講座制を廃して大講座制とし、11講座（哲学〔4〕、日本史〔1〕、世界史〔2〕、考古学〔1〕、国文学・東洋文学〔3〕、西洋文学・語学〔3〕、芸術学〔2〕、芸術史〔1〕、日本学〔1〕、人文地理学〔1〕、日本語学〔1〕、〔 〕内は専攻の数）を置いた[14]。たとえば、94年度までの史学科の東洋史学専攻（2講座）と西洋史学専攻（同）は、改組により統合されて、東洋史学専攻と西洋史学専攻からなる世界史講座となった。これは文学部発足以来の大がかりな再編成であったが、その目指すところは、「学科間・講座間の壁をなくし、学部内交流を促進し、人事の円滑化をはかること」[15]であった。なお、このとき旧比較文学講座は比較文学専攻と中国文学専攻に分離し、国語国文学専攻とともに国文学・東洋文学講座を構成することになった。

以上のような学部再編成を前提に、文学部の大学院重点化計画が進行し、98年度・99年度の2年度にわたって重点化が実現した。大学院重点化とは、学部を主体とするそれまでのあり方から、大学院主体の形に変更し、いわゆる大学院大学にするということである。98年4月に、まず従来の哲学哲学史専攻、史学専攻、日本学専攻（文化系）を基礎とする文化形態論専攻（7講座13専門分野）が設置され、99年4月には、それまでの国文学・英文学・独文学・仏文学の各専攻、日本学専攻（言語系）、芸術学専攻を基礎とする文化表現論専攻（6講座15専門分野）が設置され、重点化が完了した[16]。

重点化と併行して、学部は講座制を廃して学科目教育体制に移行し、20専修が置かれることになった。この専修は、95年4月の大講座制移行時の専攻に相当するものである。なお、大講座制移行時および学科目教育体制移行時には、国史が日本史に、哲学哲学史が哲学・思想文化学に、国語国文学が日本文学・国語学に、独文学がドイツ文学に、仏文学がフランス文学に、それ

ぞれ名称変更している。

　2004年4月、大阪大学は国立大学法人大阪大学となり、2007年10月には阪大と大阪外国語大学との統合が実現した。それに伴い、文学研究科には新たに文化動態論専攻が設置された。これは修士課程の専攻で、共生文明論、アート・メディア論、文学環境論、言語生態論の4コースから成るものである。

　90年代半ば以降の相次ぐ変革によって、文学部と文学研究科の姿は大きく変貌した。この変革の中で、特に学問の学際化・国際化が進むとともに、「社会の中の大学」が強く意識されるようになった。今後、この動きはさらに加速するであろう。文学部と文学研究科のさらなる飛躍が望まれるところである。

注

1 ）第1節の記述は、特に断らない限り、『大阪大学二十五年誌』（大阪大学、1956年）第1章「総記」第2節「学生」、第2章「文学部」、大阪大学五十年史編集実行委員会編『大阪大学五十年史　部局史』（大阪大学、1983年）第1章「文学部」、同編『大阪大学五十年史　通史』（大阪大学、1985年）第3編「帝国大学から新制大学へ」第3章「法文学部の創立」、第4編「大阪大学の発展」第3章「大学機構とキャンパスの整備」による。

2 ）梅溪昇「着任早々のころ」大阪大学文学部日本史研究室編『思い出の待兼山　国史・日本史研究室の50年』1999年、14頁。

3 ）大阪大学文学部同窓会編『昭和二十九年度大阪大学文学部同窓会名簿』大阪大学文学部同窓会、1954年。

4 ）前掲『大阪大学五十年史　通史』348頁。

5 ）前掲『大阪大学二十五年誌』87頁、前掲『大阪大学五十年史　部局史』3頁。

6 ）前掲『大阪大学五十年史　通史』349-350頁、大阪大学文学部創立50周年記念写真集編集委員会編『大阪大学文学部50年の歩み』大阪大学文学部創立50周年記念事業実行委員会、1998年、142頁、前掲『大阪大学五十年史　部局史』16頁。

7 ）前掲『大阪大学二十五年誌』65頁、前掲『大阪大学文学部50年の歩み』19頁、前掲『大阪大学五十年史　部局史』9頁。その他、卒業生からの聞き取りも参考にした。

8 ）前掲『大阪大学五十年史　通史』388-402頁、大阪大学文学部広報部編『文学部通信』第1号、1969年、同第21号、1972年。

9）以上、講座・専攻の変遷については、前掲『大阪大学五十年史 部局史』5-6頁、前掲『大阪大学文学部50年の歩み』による。

10）前掲『大阪大学五十年史 部局史』5頁。

11）『文学部公報』第3巻第15・16合併号、1972年。

12）前掲『大阪大学五十年史 部局史』16頁。

13）『文学部公報』第3巻第6号、1971年。

14）『文学部紹介』編集委員会編『大阪大学文学部紹介1995-1996』大阪大学文学部、1995年。

15）大阪大学文学部自己評価委員会編『現状と課題 1998』大阪大学文学部、1999年、4頁。

16）文学部広報委員会編『大阪大学文学部紹介1999-2000』大阪大学文学部、1999年。

参考文献

・『大阪大学二十五年誌』大阪大学、1956年
・大阪大学五十年史編集実行委員会編『大阪大学五十年史 部局史』大阪大学、1983年
・大阪大学五十年史編集実行委員会編『大阪大学五十年史 通史』大阪大学、1985年
・大阪大学文学部創立50周年記念写真集編集委員会編『大阪大学文学部50年の歩み』大阪大学文学部創立50周年記念事業実行委員会、1998年

第12章　経済学部

阿部　武司

はじめに

　2008（平成20）年に経済学部は法学部、文学部とともに法文学部設置から数えて創立60周年を迎えた。文系、理系を問わず一流と言われる大学では在籍する教員が研究者・教育者として優秀であることが決定的に重要である。この点を念頭に置いて以下ではまず、経済学部の草創期の様子を明らかにする。次に経済学部で卓越した研究業績をあげた教授たちを紹介する。最後に、経済学部に関するその他のトピックスについて述べる。

1．草創期の経済学部

　1931（昭和6）年の大阪帝国大学の創立にあたり新設の理学部で長岡半太郎総長をはじめ八木秀次、真島利行らによって、研究面で卓越した若いスタッフが特定の出身校に偏らず多数採用された事実はよく知られている。日本国内の7つの旧帝国大学中、第6番目という遅い出発ながら本学が研究・教育の両面ですぐれた大学として急速に発展できたのは、優秀な人材が全国から次々と集まるようになったからである。世界の著名な大学はすべて、顕著な研究実績をあげている Research University である。そうした大学ではすぐ

れた成果をあげた研究者の学識が優秀な学生を引き付けているのであり、それらの財産は何よりも優秀な研究者集団である。阪大経済学部の歩みは、理学部などと同様に卓越した研究者を集めることから始まった。

　理系部局のみであった阪大に文系学部を設けて真の意味で総合大学化することは、創立以前から大阪医科大学、大阪府および大阪経済界から大いに期待され、戦時中から終戦直後まで第3代総長を勤めた真島利行もそれを強く願っていたが、戦後の1948年9月における法文学部（法・文・経済の3学科）の実現に際しては第5代総長今村荒男（元医学部教授。結核研究の権威で、1960年文化功労者）の貢献が大きかった。長兄幸男が住友信託会長、次兄奇男が高名な紡績技術者で大日本紡績常務取締役であった事情もあり、大阪の経済界とのパイプが太かった今村は、若き日に大阪の財閥住友本社に勤務した経験を持つ東京大学教授の矢内原忠雄と、京都帝国大学経済学部教授や大阪商科大学（現大阪市立大学）学長を歴任した本庄栄治郎に人選面での協力を仰ぎ、のちにみるような成果をあげたが、そのほか、大阪経済界に強い影響力を持っていた飯島幡司（朝日新聞社勤務を経て神戸高等商業学校（現神戸大学）教授。戦後、関西経済連合会（関経連）会長）や関桂三（東洋紡会長、関経連初代会長）の推薦を受けて、高田保馬に白羽の矢を立てた。

　日本の大学の経済学部の多くでは戦後、1991年のソ連崩壊の頃までマルクス経済学が優勢であり、世界で戦後すでに主流となっていた近代経済学は少数派であった。いつからか「近代経済学のメッカ」と呼ばれるようになる阪大経済学部では、当初からこの近代経済学を専攻する研究者を中心に教授陣が固められたのであり、最大の功労者はすぐ後にみるように高田であった。

　1948年10月に初の経済学科教授として、大阪商科大学教授であった一谷藤一

写真12-1　高田保馬

郎（金融論）が着任したが、この人事は本庄の推薦によるといわれる。続いて、財閥解体以前に住友本社で研究・調査畑の職務に従事し、当時は珍しかった経済学博士の学位を持つ目﨑憲司（経営学）が教授として同年11月に赴任したが、この人事は今村や飯島、さらに住友系人脈からの推薦であったようである。平田隆夫（社会政策）は大阪商科大学に在籍したことや『昭和大阪市史』の編纂事業を通じて、本庄や一谷と近しく、1950年の教授就任はその経緯での人選であったらしい。52年にはわが国経営学のパイオニ

写真12- 2　　安井琢磨

アであった中西寅雄元東大教授が教授として赴任した。中西は当初から目﨑の意中の人であり、阪大における経営学分野の礎石が築かれたという点で重要な意義をもつ人選であった。

　さて、京都帝国大学を卒業後、京大法科講師、広島高等師範学校（現広島大学）・東京商科大学（現一橋大学）・九州帝国大学法文学部・京大経済学部の各教授を歴任した高田（1883-1972）は、当初は社会学を専攻して『社会学原理』（岩波書店、1919年）などの大著を公刊し、師の米田庄太郎や東大の建部遯吾らの第一世代のあとを継ぎ、東北帝国大学の新明正道らと並ぶわが国社会学の第二世代の騎手となり、世界的な研究業績を残した。教歴上では一貫して経済学者であった高田は、その分野の研究にも進み、日本に新古典派経済学を根付かせるとともに、社会学に裏付けられた独自の学風を樹立した。彼の経済学の研究は『経済学新講』全5巻（岩波書店、1929-32年）などに結実している。高田は1948年に政令により教職不適格者の判定を受けたため、表面には出ずに門下生たちを通じて、その将来性を信じた近代経済学を専攻する若い優秀な学者を以下のように招聘していった。

　まず、安井琢磨（1909-1995）を通じて優秀な人材の採用を進めた。1948年

10月、東北大学教授であった安井が、前記の矢内原からの依頼を承諾して併任教授となったが、矢内原は今村の依頼を受けていたのであり、今村はさらにそれ以前に高田から安井を推挙されていたという。1931年に東大経済学部を卒業した安井は、社会政策論で著名な河合栄治郎教授の薫陶を受け、卒業後、東大助手・助教授を経て44年東北帝国大学教授に就任した。戦後、東北大を本籍とする本学部との併任を長らく続けていたが、1965年に本籍を本学部附属社会経済研究施設に移し、同施設が社会経済研究所（社研）に改組された66年から69年までその初代所長を勤め、72年に停年で退職した。安井は、河合門下の友人木村健康（戦後、東大経済学部教授）などとともに日本の数理経済学のパイオニアの１人であり、レオン・ワルラスを創始者とする一般均衡理論を精緻化するとともに、その基盤の上に価格・貨幣・資本・利子などの理論経済学の主要な問題を解明することにより、経済理論を飛躍的に発展させた。安井の業績は世界的にも知られ、カルドアの景気理論を非線形景気循環論として定式化したことなどはその好例である。こうした功績により71年には文化勲章を授与され、主著は『安井琢磨著作集』全３巻（創文社、1970-71年）にまとめられている。

初期の経済学部に助教授・講師・助手として採用された横山保（経営統計学）、岡本好弘（経済学史）、渡辺太郎（世界経済論）、藤田晴（財政学）、大澤豊（マーケティング）らは、東大での安井の門下生であった。

さて、高田はさらに九大や京大での門下生の採用と、彼らの人脈を通じた人事を推進した。1949年５月に阪大が新制大学になると同時に法文学部が法経学部と文学部に分れたころ、神戸大教授との併任となった北野熊喜男（経済政策）は、京大での高田門下であり、草創期の教官スタッフの形成やカリキュラム構成などに大きく貢献した。続いて50年に着任した傍島省三（世界経済論）は九大での高田の門下生で、同門の北野の推薦により招かれた。九大教授であった宮本又次（経済史）は本庄門下であったが、彼を阪大教授（50年着任）に推したのはともに大阪生まれ、幼稚園以来の友人で、同じく京大経済学部卒業であった北野であった。51年に神戸大との併任教授となった山下勝治（会計学）は、彦根高等商業学校（現滋賀大学）在職中に宮本と同僚であっ

た。51年に助教授に就任した木内佳市（会計学）は山下が推薦したという。また、高田の薫陶を受け、京大経済学部における近代経済学の権威であった青山秀夫の門下で、俊秀をうたわれた森嶋通夫京大助教授が51年阪大助教授に転任した。48年には京大経済学部の高名な財政学者汐見三郎の門下生であった木下和夫（財政学）が高田の推薦で講師として招かれた。助手では内海洋一（社会政策）が、京大で高田に学び、卒業後就職した住友本社では目﨑の部下であった。新制本学部第1期卒業生中の逸材、小泉進（経済原論）は森嶋の勧めで助手として残った。同じく助手となった作道洋太郎（経営史）は九大での宮本の門下生であった。

　以上にみたように、戦後の混乱期を反映して、公職追放中の高田や安井・北野・山下などの併任教授が人事に大きな役割を果たすという今日では想像し難いことが行われた結果、すぐれた人材を広く求める点で大成功をおさめた。

　1951年8月には高田が教授として赴任した。同年6月高田の教職不適格の原審判定が取消されたことを受けて、傍島、北野、木下らが尽力して実現した招聘であった。高田の赴任により経済学科は強力な主柱を得るとともに、近代経済学を重視する方向がさらに強固となった。高田は赴任当時すでに67歳で、規程で定められた年齢を超えていたが、今村総長の尽力により、草創期の経済学科に欠かせない教授として、例外的に迎え入れられた。

　高田は1953年に法経学部長となったが、同年8月法経学部が経済学部と法学部とに分離した際、初代学部長に就任し55年までその任にあった。54年に本学部に社会経済研究室（社会経済研究所の前身）が開設されたのも、正統的な経済理論を構築することの重要性を痛感していた高田の構想の所産であり、高田はその初代室長にも就任した。社会学、経済学をあわせて100冊余りの著書を残した高田は本学在職中も『大阪大学経済学部社会経済研究室研究叢書』などに健筆をふるい、65年には文化功労者に選ばれた。

2．教授陣の研究業績

　大阪大学経済学部は優秀な卒業生を多数世に送り出してきたことと並んで、全国から集まった所属教員の多くが、卓越した研究業績をあげてきたことを特徴としている。いくつかの例を示せば、3名が日本学士院会員、4名が世界的業績を残した経済学者にのみ就任が認められる Econometric Society（国際計量経済学会）のフェロー、7名がわが国近代経済学における最も重要な学会である理論・計量経済学会およびその後身の日本経済学会の会長に選ばれた。こうした優秀な教授陣をそろえるという方針はこれまでに述べたように、出発点で固められたのである。以下では、すでにふれた高田や安井と同じく文化勲章受章者または文化功労者として顕彰された3教授の研究業績を紹介しておこう。

　森嶋通夫（1923-2004）は従軍ののち1946（昭和21）年京大経済学部卒。京大では指導教員であった青山秀夫のほか、高田、園正造の両教授の薫陶を受けた。京大大学院特別研究生、同大学経済学部講師・助教授を経て51年に本学に招かれ、58年社会経済研究室の専任となった。63年教授に昇任。社会経済研究施設（62年に社会経済研究室が改称）が66年に社会経済研究所（社研）に改組拡充されたのちもその教授を勤めていたが、69年に離任し、英国エセックス大学ケインズ客員教授を経て70年同国ロンドン大学スクール・オブ・エコノミックス（London School of Economics and Political Science. LSE）の教授に就任し、89年に退職した。森嶋は、一般均衡体系の動学理論化から出発し、続いてケインズの一般理論以降発展してきた動学的マクロ経済モデルの総合化をめざし、さらに、レオンチェフの産業連関モデルの数学的側面について透徹した理解に達したのち、経済成長理論の研究に向かった。森嶋の学

問的関心は純粋理論の領域にとどまらず米国の経済成長を計量モデルによって分析し、また近代社会の発展をマックス・ウエーバーの社会学的理解を土台として経済理論的に考察した。森嶋はさらにマルクス、ワルラス、リカードという経済学説史上の偉大な先達の経済理論を動学的多部門モデルとして再構成し、総合的理解を確立した。のちに『森嶋通夫著作集』全14巻（岩波書店、2003-05年）に集大成される研究業績に対して76年に文化勲章が授与されたほか、米国科学アカデミー外国人名誉フェローなど諸外国からも多くの称号を授与され、ノーベル経済学賞の候補者にもあがったといわれている。森嶋は、のちに同賞に輝く米国ペンシルヴァニア大学教授L・R・クラインとともに1960年に経済学の分野ではわが国初の世界的水準の専門誌 *International Economic Review* の創刊を推進した。Econometric Society 会長も勤め、LSE では英国における日本研究を促進するためサントリー・トヨタ研究センターを設立した。『イギリスと日本』（岩波新書、1977年）など多数の一般人向けの書物も出版している。

　森嶋の薫陶を受けた新開陽一は1931年生まれ。55年阪大経済学部を卒業後、同大学院経済学研究科で学んだのち本学部助手に就任し、引続き講師・助教授を経て72年本学社研教授に昇任したが、84年に本学部に移籍し95年に停年退職。新開は早くも1960年に、従来一般的な経済成長モデルとして広く受け入れられてきたハロッド＝ドーマー・モデルを消費財と資本財から成る2部門モデルに拡張し、その安定性の条件を求めた英語論文を発表し、世界の経済学者から注目された。63年にもハロッド＝ドーマー・モデルに資本財と一般物価指数との相対価格を明示的に導入するという斬新な試みを行い、経済成長論の分野における日本の代表的経済学者として名声を確立し

写真12- 4　　新開陽一

た。新開はさらに、61-63年にペンシルヴァニア大学経済学部に客員研究員として滞在した際、前出のクラインとともに、世界経済を対象とするマクロ計量モデルの構築という前人未踏のプロジェクトに参画し、その高度な手法を日本経済のマクロ計量モデルの構築にも導入した。クラインとの共同研究で培われた鋭い現実感覚に支えられて、新開は、開放経済下における金融・財政政策の効果に関する研究に進んだ。大型コンピュータの使用が可能になるや、新開は、日本経済における輸入品の代替性や賃金決定過程等に関する実証研究を率先して行った。こうした先駆的国際的な貢献によって新開は2004（平成16）年に文化功労者として顕彰され、2008年には日本学士院会員に選出された。

　上記の2教授および高田と安井は経済学の分野で卓越した業績をあげたが、阪大経済学部は経済史や経営史の分野でも大きな研究成果をあげてきた。とくに重要なのは宮本又次（1907-1991）の業績である。宮本は1928年に大阪外国語学校（のちの大阪外国語大学）、31年に京大経済学部をそれぞれ卒業したのち、京大大学院、農学部・経済学部助手、彦根高等商業学校教授、九大法文学部助教授・教授を経て50年に阪大法文学部教授兼任、翌年阪大専任教授となり、70年に停年退職。業績は日本経済史・経営史関連のみでも膨大な点数に及ぶが、処女作『株仲間の研究』（有斐閣、1938年）は江戸時代のギルド組織、株仲間に関するパイオニア・ワークであり、今なお生命を保っている。「日本商業史の研究」3部作を成す『近世商業組織の研究』（有斐閣、1939年）、『近世商人意識の研究』（有斐閣、1941年）、『近世商業経営の研究』（大八洲出版、1948年）、学位論文となった『日本近世問屋制の研究』（刀江書院、1951年）および『続日本近世問屋制の研究』（三和書房、1954年）なども、

写真12-5　宮本又次

江戸時代商業史を志す者の必読文献である。『鴻池善右衛門』（吉川弘文館、1958年）と『五代友厚伝』（有斐閣、1981年）は、すぐれた伝記である。宮本は、『大阪商人太平記』（創元社、1960-64年）、『船場』（ミネルヴァ書房、1960年）、『キタ』（ミネルヴァ書房、1964年）など、高度な学問内容を平易で流麗な文章で伝えた優れた啓蒙書ないしエッセイも多数発表している。本学部退官直後に出版された大作『小野組の研究』全4巻（大原新生社、1970年）には71年に日本学士院賞・恩賜賞が授与され、77-78年には『宮本又次著作集』全10巻（講談社）が出版された。宮本は以上のほか、若き日より『明治大正大阪市史』をはじめ主に大阪に関連する地方史書、史料集、社史、団体史の編集・執筆を精力的に担当し、また、「宮本エコール」の名で知られる多数の門下生を育てた。以上のように質量ともに卓越した研究業績をあげたことにより宮本は79年に日本学士院会員に選ばれ、88年には文化功労者として顕彰された。

3．経済学部の発展

　阪大経済学部で達成された優れた研究業績は以上の紹介に限られるものではない。委細は大阪大学経済学部50年史編集委員会編『大阪大学経済学部50年史』（大阪大学出版会、2003年）を参照されたいが、重要なのは、近代経済学の分野を中心とする優秀な研究者を学閥にとらわれず、外国も含む広い範囲から採用するという創立時に固まった慣行が、短期間に大成功をおさめ、それが現在に至るまで維持されていることである。詳しい紹介は省くが、経済学部の教員スタッフは経済学、経営学、経済史・経営史の各分野で顕著な研究業績をあげてきたとともに、優秀な学生を育て、中央・地方の官庁や関西経済界さらには論壇のブレインとしても活躍してきた。

　創立後の上記以外の重要な出来事を以下、簡潔に述べたい。まず組織面では、1953（昭和28）年8月法経学部が法律、経済の両学部に分離される少し前の同年4月に新制の大学院経済学研究科が発足し、以後多数の優秀な研究者が育成されるようになった。65年には大阪経済界の要請も受けて、当時勢いを増しつつあった経営学の教育を強化すべく経営学科が学部に加わった。

82-87年には小講座の大講座への移行が実施された。20世紀末に斬新な改革が次々に実施された。まず94（平成6）年に大学院公共経済学専攻（76年設置）を発展的に解消し、大学院国際公共政策研究科が新設され、また、翌年には学部3年次編入制度が導入された。97-98年にはいわゆる大学院重点化が実施された。ここで、大学院教育の全般的充実が図られるとともに、従来からの研究者養成にとどまらず、高度専門職業人の養成が大学院教育の大きな目的に加えられた。さらに98年には学部における経済、経営の2学科が経済・経営学科1学科に改正された。近年の研究の進展により両分野が近接してきたという認識に基づく措置であった。

　教育内容に関しては、学部・大学院とも近代経済学を基本としてきたため、基礎から高度な応用まで標準的な教科書を用いて体系的に教授されるカリキュラムが当初より整備され、それが年々改善されてきている。学部における伝統的な、いわゆるゼミ（名称はしばしば変更されたが、現在では2年生向けの専門セミナーと3・4年生を対象とする研究セミナーが設置されている）は典型的な少人数教育として、教育効果を大いにあげてきたとともに、在学生・卒業生の連帯感を培う貴重な場となっている。学部生と大学院生が机を並べて学ぶ、学部の上級講義科目も有意義である。学部教育ではそのほか1983年のパリ商科大学との協定に始まる外国のいくつかの有名大学との間に結ばれた交流協定を活用した短期留学制度、84年に設けられた懸賞論文制度など特色ある制度が設けられてきた。さらに大学院重点化以後の大学院の授業には経済学および経済史・経営史に関してコア科目が設置され、短期間の厳しいトレーニングを経て学界でのトピックが理解できる学力の養成が図られているが、こうした試みは全国の大学でも例がないと聞く。

　過去60年間には1960年代末の大学紛争のような混乱期もなかったわけではないが、阪大経済学部の歩みは概して順調であった。もはや紙幅も尽きたが、こうした発展が、阪大経済研究協会（1957-2003）や1990年代初頭における野村證券・大阪ガス・東京海上火災の3社による寄附講座の開設にみられる経済界および本学部同窓会からの物心両面にわたる暖かい支援によるところがすこぶる大きかったことを付言しておきたい。

第13章　歯学部

脇坂　聡

はじめに

2008（平成20）年現在、全国には29校の歯学部あるいは歯科大学があり、国民の口腔保健の向上に貢献すべき良質な歯科医療人の育成のために教育を行っている。大阪大学歯学部は1950（昭和25）年に国立総合大学に最初に設置された歯学部であるが、大阪大学での歯学教育についてはさらに四半世紀さかのぼることができる。

1．戦前の旧学制下の大阪大学での歯学教育

戦前の旧学制においては歯科医師の育成をおこなう歯科医学教育は大学レベルでは行われず、修業年限が4〜5年の歯科医学専門学校（私立7校、官立1校）で行われていた。関西では大阪歯科医学専門学校（現大阪歯科大学）が唯一の歯科医師養成機関であった。

本学での歯科医学教育については、府立大阪医科大学の歯科学教室にまでさかのぼる。記録によれば1920（大正9）年に府立大阪医科大学医学部において歯科学を置くことが議論され、それに対応して当時医学部耳鼻咽喉科医員であった弓倉繁家が文部省歯科医術試験附属病院に派遣され、歯科学に専

念することになった。1926年に府立大阪医科大学に歯科学教室が誕生し、弓倉繁家が初代教授に就任した（写真13-1）。1931（昭和6）年に府立大阪医科大学を母体として大阪帝国大学医学部が設置され、1932年4月にそこに歯科専攻の選科が開設されて、教員の拡充と強化が行われ、同年5月に歯科学講座が開設された。

2．大阪大学歯学部設置

　戦後、歯学教育は大学レベルで行われるべきとの見解から、8校の歯科医学専門学校のうち6校が大学へ昇格した。しかしながら、6校のみでは、人口に比べ歯科医師の数が不足を来たし、国民の口腔衛生の向上に支障をきたすことが懸念された。そこで弓倉は大阪大学に歯学部を創設すべく努力を重ねた。その結果、1946（昭和21）年に医学部教授会で歯学部設置に向けて審議され、翌1947年7月に医学部に口腔治療学講座が増設された。

　文部省は1950年より医学部歯学科として承認する意向であり、1950年2月に医学部歯学科の学生を募集した。このような動きに対し地元歯科関係団体から文部省に対し強い反対運動が展開されたが、当時の総長今村荒男、医学部長黒津敏行はじめ学内外の人々の努力によって、1950年4月医学部に歯学科を設置することが承認された。さらに、同年に行われた歯学視学委員会において、歯学教育は医学部歯学科ではなく、米国のように総合大学の歯学部か歯学の単科大学で行うべきであるとの結論に至り、1951年4月に医学部歯学科が医学部より独立し歯学部が創設され、初代歯学部長として弓倉繁家が就任した。従って1951年からは歯学部歯学科としての学生募集に改められた。

　当初歯学部は12講座の予定であったが、創設時には6講座（口腔解剖学、口腔病理学、歯科補綴学、歯科保存学、口腔外科学、歯科理工学）のみが認められ、

1952年に口腔生理学、歯科薬物学、歯科矯正学の3講座、1953年に口腔治療学、歯科補綴学第二、口腔衛生学の3講座が増設され、当初構想されていた歯学部が一応完成した。

　1954年3月に医学部歯学科として入学した10名が歯学部第一期生として卒業した。その後、1956年口腔外科学第二講座が増設された。

　歯学教育は座学のみならず、歯科医療技術の習得のために臨床実習が必要であり、また社会的要求もあり1953年8月に歯学部附属病院を開設した。開設当時の歯学部附属病院は保存科、口腔治療科、口腔外科、第一補綴科、第二補綴科、矯正科、口腔衛生科の7診療科と27病床であった（写真13-2）。

　歯科医学教育の充実のため、1959年に口腔生化学講座、1964年に口腔細菌学講座、1969年口腔解剖学第二講座、1972年に歯科放射線学講座が増設され、1973年には歯学部附属病院に顎口腔機能治療部が設置された。

　大学院歯学研究科は1960年に歯学基礎系専攻、歯学臨床系専攻の二専攻で設置された。設置時の入学定員は31名であった。また同年歯学部附属歯科技工士学校を設置した。

　1975年歯学部附属病院に小児歯科が設置され、翌1976年に歯学部に小児歯

写真13-2　1958（昭和33）年の歯学部、歯学部附属病院（中之島キャンパス）

科学講座が設置され、さらに1981年歯科麻酔学講座が設置され、1982年に歯学部附属病院に歯科麻酔科が設置された。これにより歯学部は19講座、歯学部附属病院は11診療科となった。

3．吹田キャンパス移転

　1960（昭和35）年ごろから大阪大学では豊中キャンパス以外の部局等を全て吹田キャンパスに集約する方針が打ち出され、それに伴って歯学部および歯学研究科でも吹田移転が具体化していった。そして1983年8月には歯学部および歯学部附属病院は吹田キャンパスに移転した（写真13-3）。
　歯学部附属病院には1987年に障害者歯科治療部、1996（平成9）年に口腔総合診療部が設置された。

4．大学院重点化に伴い「口腔科学」のメッカへ

　2000（平成12）年に大学院重点化に伴い大学院歯学研究科を改組再編し、統合機能口腔科学専攻、分子病態口腔科学専攻の2専攻とし、大学院の定員を55名とした。大学院重点化に伴い歯学部の講座制を学科目制に移行し、歯学科に15学科目を設置した。
　2001年に歯学部附属病院は11診療科体制から3診療科体制（歯疾制御系科、咬合・咀嚼障害系科、口顎病態系科）とした。さらに2007年に一般歯科総合診療センターが設置され、現在に至っている。

　学生定員は設置当初は30名であったが、1960（昭和35）年には40名に、1964年には60名に増員された。また、全国の歯学部、歯科大学に先駆けて1981（昭和56）年より編入学制度（定員20名、1990年より5名）を導入した。このように歯科医療人の育成を教育の第一目標とする歯学部では、社会的要求からその組織も日々刻々と変化してきている。さらに、歯科臨床研修医制度の義務化に対応するため口腔総合診療部や一般歯科総合センターの充実を図

図13-3　2002（平成14）年の歯学部、歯学部附属病院（吹田キャンパス）

り、国民が「よりよく　たべる　くらす　いきる」ための良質な歯科医療人
の輩出に努力している。

参考文献

・大阪大学同窓会創立50周年記念事業実行委員会記念誌編集委員会編『大阪大学歯学
　部創立50周年記念　緑風』大阪大学同窓会創立50周年記念事業実行委員会、2001年

第14章　薬　学　部
—4年制から6年制の導入へ—

馬場　明道

まえがき

　文明が発祥して以来、「くすり」は様々な形で、人の生活、文化に関わってきた。近代科学の確立以降、科学を基本とする優れたくすりの開発がヒトの健康維持に多大の貢献をしてきたことは疑いのないことである。一方、薬害といわれる、あってはならない事象を引き起こしてきたことも指摘されなければならない。21世紀を迎えた現在、健康、医療、環境をとりまく社会環境は急激に変化を遂げつつある中で、医療技術の進歩に併せて、優れたくすりの開発が、病気の薬物治療を可能にし、ヒトの平均寿命を大きく延ばすことに貢献してきたといえる。一方で、かつて人類が経験したことのない高齢化社会に突入する中で、複合疾患の増大、各種ウイルス性疾患、新種耐性菌の出現、更には、環境有害物質による健康の侵害、CO_2、オゾンの増加などによる地球規模の環境破壊など、ヒトの健康を取り巻く情況は大変な困難に直面しつつあるといえる。他方、生命科学においては、ヒトゲノムの概要が明らかとなり、ヒトの持つ生理機能、その傷害としての病気の発症、病態の分子的理解が画期的に進みつつある。この様な情況の中で、医薬品の創製（創薬）をはじめとする医療科学を総合的・先端的な手法により進展させ、疾患の治療を可能にすること、また、ヒトと環境との健全な関わりを保全するこ

とは、安全で安心な人類社会を築くための共通の課題といえる。くすりを始めとする多くの化学物質とヒトの健康との関わりについての総合健康科学である薬学の果たすべき役割は、これまでよりも多様で、かつ、重要になってきている。

　大阪大学大学院薬学研究科・薬学部は、1949（昭和24）年に医学部薬学科として発足以来、多くの関係者のたゆまない努力により大きく発展し、今日のわが国の薬学を代表する研究科・学部として薬学の高等教育と学術研究に多大の貢献をしてきた。この間、本研究科・学部は時代の社会的要請に対応し、時代を見据えた新しい学問を創出することにより常に新しい薬学を追究してきた。かつて、医薬品創製にかかる学問体系を主とする薬学に、新たに、生態系と人との関わりを化学物質の連関から究明する環境薬学を興し、また、医療の中での薬学を高度化するための臨床医学系薬学を導入するなど、常に他に先駆けて新しい学問潮流を生み出してきた。1998（平成10）年の大学院重点化によりこれらの新しい方向を、高度化、学際化のキーワードのもとに、連携大学院、協力講座、社会人大学院などの新しい多様な枠組みとして設定し、その中で多様な教育研究を可能にすることで、大きな成果を挙げてきた。

　2006年はわが国の薬学教育において、その創設以来の大きな改革が行われた年である。薬学の大きな使命である、「薬剤師の育成」と、「医薬品創製にかかる人材の輩出」をより明確にするために、薬学の修業年限について、薬剤師の輩出を主眼とする6年制と、薬科学の人材育成を主眼とする4年制の併設が可能になった。本学部においても、これに合わせ、学部に6年制の薬学科と4年制の薬科学科を設置し、各々の理念に基づいた先端的な教育研究を実施することで、社会の要請に応えうる有為の人材を育成することに取り組んでいる。

　本章は、わが国の薬学百年の歴史の節目と言える現在、これまでの大阪大学大学院薬学研究科・薬学部の流れを俯瞰することで、その歴史と伝統を理解し、薬学と社会との関わりについての認識を新たにすることで、進むべき方向を再認識することを企図するものである。

表14-1　薬学部・大学院薬学研究科の沿革[3]

年月	事項
昭和24年5月	医学部薬学科として発足
昭和28年4月	大学院薬学研究科を設置（薬品化学、応用薬学の2専攻）
昭和29年9月	講座制の施行［薬化学、薬品製造学、薬品分析学、生薬学、衛生化学、薬剤学、薬物学（後に薬理学に改称）の7講座］
昭和30年7月	旧帝大最初の薬学部として医学部より分離独立（薬学部薬学科）
昭和33年4月	生物薬品化学講座を増設
昭和37年4月	製薬化学科を増設（薬品製造学講座のみ）
昭和38年4月	製薬化学科に微生物薬品化学、薬品物理化学講座を増設
昭和39年4月	製薬化学科に生薬化学（後に物理分析学に改称）、薬品合成化学講座を増設
昭和40年4月	製薬化学科に薬品製造工学講座を増設
昭和49年4月	薬学部附属薬用植物園を開設
昭和50年4月	学舎を豊中市蛍ヶ池から吹田キャンパスの現在地に移転
昭和56年8月	薬用植物園の管理棟竣工
平成1年4月	大学院薬学研究科に独立専攻として環境生物薬学専攻を設置［環境毒性学、環境保健化学、環境代謝化学（物理分析学講座の振り替え）3講座の新設］
平成7年4月	薬学部に寄附講座として臨床薬効評価学講座を設置
平成9年2月	薬学部2号館が竣工
平成10年4月	薬学部を総合薬学科の1学科に改組
平成10年4月	大学院重点化により、大学院薬学研究科を分子薬科学、応用医療薬科学、生命情報環境科学の3専攻に改組するとともに、本学医学部附属病院、微生物病研究所、細胞生体工学センター、産業科学研究所から協力講座として5分野および国立循環器病センター、大阪府立成人病センターから連携講座として2分野が参画
平成11年4月	薬用植物園を学部附属から大学院附属に変更
平成11年4月	大学院薬学研究科の協力講座として本学遺伝情報実験センターより1分野が参画
平成14年10月	薬学研究科に寄附講座として薬用資源解析学講座を設置
平成18年4月	薬学部を薬学科、薬科学科の2学科に改組
平成18年4月	附属実践薬学教育研究センター設置
平成20年4月	附属創薬教育センター設置

1. 創設の時代 − 薬学科から薬学部へ −

（1）　医学部薬学科から薬学部創設へ

　わが国における薬学部の特長は、その創設時には医学部薬学科として発足したことであろう。本学においても同様で、その創設は、先人達の強い情熱と使命感によって為されたことが資料[1]からも読み取れる。以下、その部分を抜粋してみる。

　「大阪は日本における薬業の中心地で、製薬業界においても従来大阪に製薬会社が集中していた。大阪大学の創設と共に当然薬学科が設けられるべきであり、京都大学医学部に薬学科が創設される前後に本学でもその計画が

あった。戦後本学が総合大学としての拡充を計るため医学部に薬学科を創設する計画をたて、当時の総長今村荒男、医学部長吉松信寶、教授赤堀四郎、教授黒津敏行、そのほか事務局長田内静三および大阪薬学専門学校校長村上信三の熱心な努力により、1948（昭和23）年11月に大学設置審議会の審査を受け、1949年4月1日に医学部薬学科として定員80名の学生を募集し一般教養課程へ入学させた。一方1949年5月31日、国立学校設置法の一部改正により本学に附属薬学専門部が設けられ、村上信三は大阪大学教授に任命され、同専門部長に就任した。同時期に廃止された大阪薬学専門学校（1886・明治19年大阪薬学校として発足）の在校生を1949年7月1日をもって同専門部に収容した。1950年9月26日大阪薬学専門学校の施設が大阪大学に寄付され、1951年3月31日同専門部は全員の卒業によって廃止された。

　1951年4月からは学年進行に伴い薬学科専門課程の授業を開始した。

　薬学科教授の選考に当たっては大学院を併置する大学の薬学科たらしめることを目標として、全国的視野に立って人材を求めるため、当時医学部長黒津（委員長）、福島寛四、吉松、市原硬、今泉禮治、村上の各教授が委員となり、理学部教授赤堀の援助を得て薬学科設置準備委員会が設けられた。医学部教授会の好意ある援助により、薬学専門課程開設に先立ち、1950年9月までに村上（生化学）、木村康一（生薬学）、堀井善一（薬品製造学）、川崎近太郎（衛生化学）の4教授の任命が行なわれた。専門課程開設直後1951年6月、さらに上尾庄次郎（薬化学）、滝浦潔（薬品分析化学）の2教授の任命が行なわれ、1952年にはさらに羽野壽（薬物学）、青木大（薬剤学）の教授が任命され薬学科の完成を見るようになった。1953年3月31日政令第51号により大学院薬学研究科が設置され、薬品化学および応用薬学の2専攻が認められた。

　1955年7月1日医学部より薬学科を分離して旧帝大系では最初の薬学部が設置された。東京大学や京都大学より大阪大学が薬学部創設に先鞭をつけたことについては、薬学科創設当初から当時の総長今村や医学部の人々が薬学科を薬学部として独立する構想であり、毎年そのための予算要求がなされ、一方文部省の意向は東京大学、京都大学、大阪大学と順を追って独立させることであったが関係者の努力により他に先がけて薬学部設置が認められた。

表14-2　1955（昭和30）年7月（薬学部薬学科設立）

学　科	講　座
薬学部薬学科	薬化学
	薬品製造学
	薬品分析化学
	生薬学
	衛生化学
	薬剤学
	薬物学

表14-3　1995（平成7）年4月

学　科	講　座
薬学科	衛生化学
	薬剤学
	薬理学
	生物薬品化学
	微生物薬品化学
	薬品製造工学
製薬化学科	薬化学
	薬品分析化学
	薬品製造学
	生薬学
	薬品物理化学
	物理分析学
	薬品合成化学
（寄附講座）	臨床薬効評価学
附属薬用植物園	

　本学部は新制大学として発足したため最初は講座制でなかったが1954年9月7日国立大学の講座に関する省令によって次の講座が設けられた。薬化学、薬品製造学、薬品分析化学、生薬学、衛生化学、薬剤学、薬物学（1963年薬理学に改称）（表14-2[2]）、次いで1958年11月に生物薬品化学が増設され、薬学部として一応の体制が確立された。

　1962年4月1日には製薬化学科が増設され、薬品製造学講座を同学科に移し、2学科制となった。以後学年進行により製薬化学科に1963年4月微生物薬品化学、薬品物理化学、1964年4月生薬化学（1965年物理分析学に改称）、薬品合成化学、1965年7月薬品製造工学の諸講座が増設され2学科13講座の薬学部が完成した。1974年4月11日には学部附属の教育研究施設として薬用植物園が設置された。

　以上の外に1965年に研究室として生薬材料学研究室が設けられている。その他研究室として一時期設けられていたものとして生化学・植物化学研究室（1954〜1958年、担当・教授村上信三）、臓器薬品化学研究室（1953〜1955年、担当・講師青沼繁）、放射薬化学研究室（1958〜1964年、担当・助教授青沼繁）、薬用資源研究室（1958〜1960年、担当・教授竹本常松）、醗酵化学研究室（1965〜1972年、

担当・助教授平岡栄一）があった。また学生実習用の工場として村上、竹本の努力により建設された実習工場（面積101㎡、1957〜1975年）も併設された。」（注1の文献より、そのまま引用）

表14-3[2]に1995（平成7）年度の薬学科、製薬化学科の構成講座を示した。表14-2と対比した時、薬学の基本領域が確認できると共に、時代に応じて新たな学問領域を取り入れ、大きく展開したことが読み取れる。

（2）大学院独立専攻設置から大学院重点化へ

大学院薬学研究科は、開設以来薬品化学と応用薬学の2専攻であったが、環境問題に薬学領域から対処する新しい環境薬科学を確立するために、1992年新たに環境毒性学、環境保健化学、環境代謝化学、環境解析学および生物機能工学の5講座よりなる環境生物薬学専攻（独立専攻）の設置が認められ、3専攻となった。1995年に医療薬学領域の充実をはかるため、わが国で初めて医学部臨床と薬学を融合した寄附講座「臨床薬効評価学（大正）講座」が設置された。また、1998年に大学院薬学研究科は、高度な教育を行う大学院として重点化され、その中で微生物病研究所、産業科学研究所、医学部附属病院、細胞生体工学センターの数部門を協力講座とし、国立循環器病センター、大阪府立成人病センターの数部門を連携大学院講座とすることにより、地域に根ざした学際的薬学研究科を構築し、最先端の薬科学の教育研究を実施している。大学院再編に伴い学部では薬学科、製薬化学科を総合薬学科に統合し、また、附属薬用植物園を大学院薬学研究科附属に移行することも併せて21世紀の薬学をリードする教育研究体制（図14-1、14-2）を確立した。

2．新しい時代へ－薬学科（6年制）と薬科学科（4年制）の併設－

2006（平成18）年度からスタートした薬学教育の6年制の導入の背景については、わが国の薬学教育とその目標の1つである薬剤師の育成についてのこれまでの歴史を理解する必要がある。本稿の冒頭の歴史で述べたように、元来、わが国の薬学教育は、有機化学を中心とした医薬品製造学がその中核

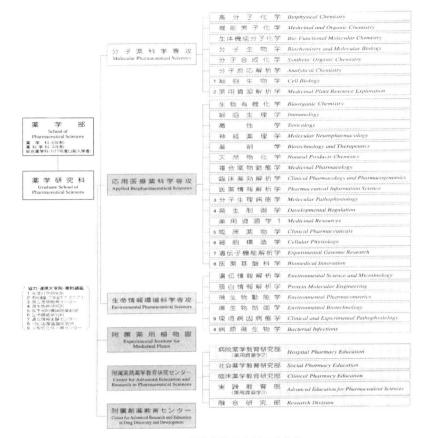

分 子 薬 科 学 専 攻 Molecular Pharmaceutical Sciences	高 分 子 化 学	Biophysical Chemistry
	機 能 素 子 化 学	Medicinal and Organic Chemistry
	生体機能分子化学	Bio-Functional Molecular Chemistry
	分 子 生 物 学	Biochemistry and Molecular Biology
	分 子 合 成 化 学	Synthetic Organic Chemistry
	分 子 反 応 解 析 学	Analytical Chemistry
	1 脳 細 生 物 学	Cell Biology
	2 薬用資源解析学	Medicinal Plant Resource Exploration

応 用 医 療 薬 科 学 専 攻 Applied Biopharmaceutical Sciences	生 物 有 機 化 学	Bioorganic Chemistry
	細 胞 生 理 学	Immunology
	毒 性 学	Toxicology
	神 経 薬 理 学	Molecular Neuropharmacology
	薬 剤 学	Biotechnology and Therapeutics
	天 然 物 化 学	Natural Products Chemistry
	複 合 薬 物 動 態 学	Medicinal Pharmacology
	臨 床 薬 効 解 析 学	Clinical Pharmacology and Pharmacogenomics
	医 薬 情 報 解 析 学	Pharmaceutical Information Science
	3 分 子 生 理 病 態 学	Molecular Pathophysiology
	4 発 生 制 御 学	Developmental Regulation
	薬 用 資 源 学 1	Medicinal Resources
	5 臨 床 薬 物 学	Clinical Pharmaceuticals
	6 細 胞 構 造 学	Cellular Physiology
	7 遺 伝 子 機 能 解 析 学	Experimental Genome Research
	8 医 薬 基 盤 科 学	Biomedical Innovation

生 命 情 報 環 境 科 学 専 攻 Environmental Pharmaceutical Sciences	遺 伝 情 報 解 析 学	Environmental Science and Microbiology
	蛋 白 情 報 解 析 学	Protein Molecular Engineering
	微 生 物 動 態 学	Environmental Pharmacometrics
	微 生 物 制 御 学	Environmental Biotechnology
	9 環 境 病 因 病 態 学	Clinical and Experimental Pathophysiology
	4 病 原 微 生 物 学	Bacterial Infections

薬 学 部
School of
Pharmaceutical Sciences
薬 学 科 6年制
薬 科 学 科 4年制
総合薬学科（H17年度以前入学者）

薬 学 研 究 科
Graduate School of
Pharmaceutical Sciences

協力・連携大学院・寄附講座
1 医薬化学研究所
2 理化学研究所 免疫アレルギー
3 国立感染症研究センター
4 微生物化学研究所
5 大学院医薬保健学総合研究科
6 産業技術総合研究所
7 遺伝情報解析センター
8 （株）医薬品基盤研究所
9 大阪府立成人病センター

附 属 薬 用 植 物 園
Experimental Institute for
Medicinal Plants

附属実践薬学教育研究センター
Center for Advanced Education and
Research in Pharmaceutical Sciences

附属創薬教育センター
Center for Advanced Research and Education
in Drug Discovery and Development

病院薬学教育研究部 （薬用資源学2）	Hospital Pharmacy Education
社会薬学教育研究部	Social Pharmacy Education
臨床薬学教育研究部	Clinical Pharmacy Education
実 践 教 育 部 （薬用資源学3）	Advanced Education for Pharmaceutical Sciences
融 合 研 究 部	Research Division

図14- 1　大学院薬学研究科の組織[3]

　の１つであり、社会的要請もあったことから、卒業生の大半は、製薬企業での医薬品開発業務に従事することとなった。事実、本学においても、最近に至るまで、主だった他国立大学薬学部と同様に、卒業後、薬剤師として薬剤部、薬局の現場に従事する人数は極めて限られていた。

　一方、医療を取り巻く環境が複雑になるに従い、医療そのものの質を維持する観点から、医療法の改正がなされ、薬剤師は医師、看護師と同じく、医療人に規定され、これら異なる職種の連携のもとに高度な医療を実施する方

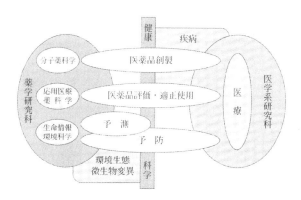

図14-2　薬学研究科研究教育目標概念図[3]

　向が国により定められた。この流れは、必然的に薬学部における薬剤師教育
に、従来よりも色濃く、臨床的経験、くすりのエキスパートとしてのスキル
と思考を導入することを求めるものであった。薬剤師の受験資格に必須のも
のとして、これらの教育内容の充実にあわせて、5ヶ月余りの実務実習、国
家試験のプレテストとしての共通の試行制度などを含む必須のコアカリキュ
ラムが設定され、その中で、厚生労働省、文部科学省、日本薬学会が検討を
重ねた結果、薬剤師の人材育成のための薬学に新しく6年の教育年限を持つ
制度が導入されることとなった。

　一方、医薬品創製にかかる人材を育成するための薬学として、従来からの
4年制を設置することも認められ、ここに、わが国の薬学部は、これまでも
担ってきた2つのミッションを、教育制度の中で明確に区別し、各々、より
高度な教育を提供することで、これからの社会的要請に応える人材育成を図
ることを求められることとなった。

　本学部においても、教授会を中心に学部全体での十分な検討を経て、2006
年度から薬学科（6年制、定員25名）と薬科学科（4年制、定員55名）の2学科
からなる薬学部に改組した（図14-3）。以下、薬学科と薬科学科の特徴を記
す（資料は文部科学省への設置申請書類より抜粋）。

● アドミッションポリシー

薬学部薬学科（6年制学科）	薬学部薬科学科（4年制学科）
薬学科は『薬物による疾患の克服により人類の福祉と健康に貢献する』事を最大の目標としている。薬学科は、創薬研究から投薬に至るまで幅広い見識を持ち患者に還元できる薬の専門家（薬剤師と医療薬学の研究者）の育成を目指した教育に力点を置いている。そのために、次のような人を求めている。	薬科学科は『生命・健康・環境を分子や物質に注目し総合的に科学する』事を最大の目標としている。薬科学科は21世紀の生命科学、創薬科学、社会・環境薬学の領域で活躍しうる人材の育成を目指して、課題探求型・問題提起型の教育に力点を置いている。そのために、次のような人を求めている。
(1) 創造性豊かで、何事を行うにも意欲的に取り組むことができる人	(1) 創造性豊かで、何事を行うにも意欲的に取り組むことができる人
(2) 論理的、かつ柔軟な思考力とそれを支える幅広い基礎知識、およびその展開能力を備えた人	(2) 論理的、かつ柔軟な思考力とそれを支える幅広い基礎知識、およびその展開能力を備えた人
(3) 医療現場に立つものに相応しい倫理観と豊かな人間性を持った人	(3) 生命にかかわる仕事に携わるものに相応しい倫理観と豊かな人間性を持つ人
(4) 生命科学の基礎となる化学・生物学・物理学などに興味を持ち、それらの基礎がしっかりしている人	(4) 生命科学の基礎となる化学・生物学・物理学などに興味を持ち、それらの基礎がしっかりしている人
(5) 医療の発展を通して社会に貢献しようとする気概を持ち、将来は大学院へ進学してさらに高度な医療薬学研究に打ち込もうという熱意のある人	(5) 旺盛な科学的探究心を持ち、将来は大学院へ進学して生命科学、創薬科学、社会・環境薬学の研究に打ち込もうという熱意のある人

● 6年制学科（薬学科）が目指す教育の特色

理念と目標

　医療人としての人間教育、薬学の基盤となる基礎薬科学教育・医療薬学教育、さらにそれを応用した専門薬剤師のための基礎教育を通して、生命の尊厳を基調にし、ヒトの健康の増進に貢献する人材を育成することを教育理念とする。目標を以下に示す。

1）研究者精神に溢れた医療薬学従事者の育成。

2）高度な職能をもった専門薬剤師（臨床直結型薬剤師）の育成。

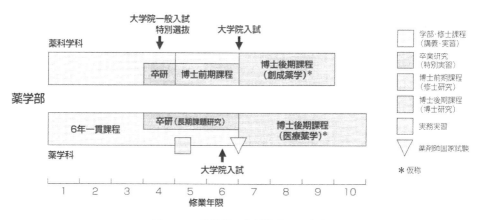

図14-3　薬学部の学科構成と入試[3]

3）大学院では、幹部候補薬剤師ならびに薬学教員の育成のために、臨床現場の問題点を解決するための医療薬学研究を推進。

4）ヒトの健康の安心・安全の保証に貢献できる医療薬学研究者の育成。

● 　4年制学科（薬科学科）が目指す教育の特色

理念と目標

　薬学の基礎となる基礎的科学教育、さらにそれを応用展開させた高度な研究を通して、生命の尊厳を基調にし、ヒトの健康の増進と環境の改善に貢献する人材を育成することを教育理念とする。目標を以下に示す。

1）大学院への進学を前提とし、薬と疾病、また人類の生存基盤の確保に必要な知識と高度な研究能力を身につけた人材の育成を行うことにより、ヒトの健康の安心・安全の保証に貢献できる薬学研究者の育成。

2）医薬品の使用に携わる薬剤師育成のための6年制教育と対比した、医薬品の開発や安全・安心な環境確保に携わる研究者の育成。

あとがき

　最後に、本学の薬学部・薬学研究科の歴史を、社会との関わりから考えてみる。わが国における薬学の教育・研究の歴史は、社会と医薬品（くすり）とのかかわりの変遷を色濃く反映している。薬学部の卒業生の主たる進路である、薬剤師職能と医薬品創製にかかるスキルに対する社会的要請、薬学部志望者の意識という面と、薬学を取り巻く学問領域の時代に応じた大きな変遷のなかで、薬学の教育研究は、変貌を遂げながらも量的、質的において飛躍的な発展を遂げてきた。それは、前項に記した本学の薬学部の講座の構成、大学院専攻の構成の変遷を見ることで理解できる。

　わが国における近代薬学のはじまりは、有機化学を中核とする医薬品合成化学そのものと言っても過言ではない。薬学は有機化学とその周辺の化学により大きく発展を遂げ、また、それら学問の発展に多大の寄与を為してきた。卓越した医薬品合成技術は、既存の医薬品の化学構造を精緻に修飾し、安全性、有効性などで、より優れた化合物にすること、伝承的に知られてきた生薬などの複雑な有効成分を化学合成することも可能にしてきた。事実、それにより、わが国発の多くの医薬品の開発がもたらされてきた。

　他方で、薬剤師の育成のための教育という面が、少なくとも多くの国立大学ではややもすると副次的なものと捉えられてきたことは、異論のないところであろう。今世紀のわが国に求められる良質の医療と、有効、安全な医薬品の創製は、国家的な課題であり、共に、これからの薬学が担うべき重要な社会的責務である。今世紀、社会がどのように変遷していくかは予測できないが、いずれにしても、「健康・健全」、「安心・安全」を共通のキーワードに、産業創出も含めたいろいろな社会構造変化が起こるであろうことは、十分予測できる。本稿で述べてきた薬学部の歴史を見るとき、薬学が目指す広範な教育研究は、先述のキーワードに集約されるこれからの社会変化に対応しうる人材を育成する点において、他の学部・研究科の追随をゆるさない独自性と責務を持つといえよう。

注

1）大阪大学五十年史編集実行委員会編『大阪大学五十年史　部局史』大阪大学、
　　1983年、366-367頁。

2）大阪大学薬学部創立50周年記念誌編集委員会編『1999大阪大学薬学部 創立50周
　　年記念　写真で見る大阪大学薬学部の半世紀』大阪大学薬学部創立50周年記念事業
　　会、1999年。

3）大阪大学薬学部・大学院薬学研究科編『大阪大学薬学部・大学院薬学研究科案内
　　2009　ライフサイエンスの最前線への誘い』大阪大学、2008年。

第15章　基礎工学部

伊藤　正・久保井亮一

1．基礎工学部創設の経緯とその理念

　基礎工学部は国立大学ではここ大阪大学だけにある全国唯一の学部である。そのために、「基礎工」って何ですか？　理学部や工学部とはどう違うんですか？　なぜ（どのような背景で）、何のために、何を目指して、どんな理念で創設され、どんな研究・教育・社会貢献・人材育成をしていますか？シンボルの「シグマΣ」は何を意味するのですか？　といった質問をしばしば受ける。基礎工学部創立者の正田建次郎は、基礎工学部の理念を「科学と技術の融合による科学技術の根本的な開発　それにより人類の真の文化を創造する学部」と述べている（写真15-1）。創設時に先人達はどのような理想を描いたか、基礎工の理念がどのようにして作られたか、その答えはこの章を読めば分かるとともに、基礎工学部が大阪大学の中でこれまで果たしてきた、またこれから果たさなければならないユニークな役割を知って頂けるに違いない。

写真15-1　基礎工学部の創設理念

　大阪大学総長の山村雄一は『大阪大学五十年史　部局史』序文の中で、

　　大阪大学の伝統といい歴史といっても、それらは所詮「人」によってつ
　　くられ、「人」によって伝えられていくものである。しかも単なる伝承
　　は伝統ではない。伝統には創造を伴わなければならない。50年に及ぶ我
　　が大阪大学の歴史と伝統の上に、さらにその継承と創造的発展につとめ、
　　広く国民の要請に応え、国際的に高く評価される大学をつくりあげたい
　　ものである。また、大阪大学の特質である「地域に生き世界に延びる」
　　大学としての発展をのぞみたいものである。

と述べている。大阪大学の理系の歴史は緒方洪庵の適塾にそのルーツは遡る。
大阪帝国大学が創設された際にはその精神が引き継がれ、大阪の財界の多く
が協力した歴史がある。特に理学部の創設には真理の探究と共に実学も重視
され、そこには工学的色彩も少なからず存在した。それらの流れが30年後の
基礎工学部創建の精神に繋がっている。
　戦後復興がなり、今や高度経済成長のさなかという1958（昭和33）年に理
工系高度人材育成のために政府・産業界より本学に国立工業大学の新設に協
力するようにとの要請があった。これを受けた時の大阪大学総長正田建次郎、
工学部長石野俊夫、理学部長仁田勇は、逆に政府に対して、大阪大学に新理
工系学部の設置を要請した。そこには、これらの先人達の確固たる考え、す
なわち単なる工学部の増設ではなく、世界の流れを先取りして、基礎科学教
育の充実という礎の上に立って理学と工学の橋渡しをする学部が必要である
との確信があったに違いない。政府がその重要性を認め、さらに財界がバッ
クアップしたことにより、基礎工学部創設の極めてユニークな基本理念、

　　従来の日本の工学教育は既存の専門技術や工学の教育に重点を置いてい
　　た（中略）現代の技術革新の特色は、基礎科学の新しい発見や発展がし
　　ばしば既存の工学を素通りして新しい技術の芽となることである。そし
　　てこの新しい技術の芽が工業的に大きく発展するために新しい工学を必

要とし、それを生み出すとも言える。（中略）守備範囲の狭い専門家で
はなくて、十分な基礎科学の素養を持ち、かつ豊かな応用のセンスを持っ
た柔軟性のある人材（中略）指導的技術者を養成することを目指し、科
学と技術の融合を図るものである。（基礎工学部協力会会報）

が生まれたのである。

　正田によれば、科学技術を、1. 自然の探求、2. 技術の基礎としての科学、
3. 技術の内基礎的なもの、4. 特殊な技術、の4つに分類したとき、基礎工
学部は2と3を主とする学部、理学部は1を主とし2を従とする学部、工学
部は3または4の一方を主とし他方を従とする学部と述べている。

　1959（昭和34）年に文部省へ概算要求した計画では58講座、学生定員350名
という大規模なもので、機械工学科（80名）、合成化学科（40名）、電気工学
科（50名）、制御工学科（40名）、材料工学科（50名）、化学工学科（50名）、原
子核工学科（40名）、共通講座（6講座）からなっていた。1961年度に機械工
学科（40名）をスタートとする開設が承認された。そこで、1961年1月に基
礎工学部創設委員会が発足した。1960年12月に総長を退官していた正田を委
員長に迎え、委員として赤堀四郎総長以下22名が指名された。その中には、
功刀金二郎、永宮健夫、伊藤順吉ら（以上理学部教授）、植松時雄、守谷一郎、
大竹傳雄ら（以上工学部教授）、古賀逸策元東大工学部長、兼重寛九郎元日本
学術会議会長、佐々木申二元京大理学部長、山内恭彦東大理学部長らが加わ
り、その顔ぶれからも単なる大阪大学の学部新設ではなく、日本の新しい学
問領域の息吹が強く感じられた。1961年4月に基礎工学部が新設され、初代
学部長に正田が選ばれた。総長を務めた人物が再び同じ大学の一学部長にな
るということは前代未聞のことであり、いかに基礎工学部創設への正田の思
い入れがあったかが窺われる。さらに、異例の5月に第1回入試が行われた
が、平均競争率28.1倍という激戦であった。創建当初から10年ほどの間に基
礎工学部・研究科を出た卒業生が、今や学術領域はもちろん、機械・電気・
化学製造業、商社、金融といった各界のトップで活躍していることからも、
いかに優秀な人材が幅広く輩出されているかは想像に難くない。

2．創設時からの基本方針と体制

　新しい理念の学部ということで、ともかくユニークなことばかりである。まず、新しい学問領域を開くことから、一切のセクショナリズムを排し、創設委員会がこれぞという人に創設理念を説いて回り、優秀な人材を幅広く全国より集めることが行われた。このことが新しい理念を実現するベテランの力以外に新しい考え方、新しい学問領域を切り拓く若い力を結集できた最大の要因である。

　また、教育研究体制の特徴として、学生の教育は基本的には学科の責任で行うが、研究はより幅広い柔軟な組織（数理教室、物理教室、化学教室、機械教室等）で行うとした。これは、多くの学問領域との関係の中で自分の研究を考えるという横の広がりを持つための仕掛けでもあった。さらに、教室を超えたセミナーも定期的に開催され、多くの分野との交流も活発に行われた。このように研究者には、既存の学問体系にとらわれない独創的・萌芽的かつ学際的研究が求められた。

　一方、基礎工学部では、「応用に関係した現象」を「自然の原理を解明する視点」から「基礎科学的に」学ぶ。カリキュラムの共通した特徴として、工学系専門科目の他に、数学・物理学・化学など基礎科学の科目が大幅に強化された。特に、創設者の正田が数学者であり、全ての自然現象が数学の力によって体系化され、その真理が明らかにされてきたことを体験していたことを反映して、数学を専門とする学科を除くと理工系では最も数学が重視されている。その特徴は現在も生かされている。一般教育課程（今の共通教育）は工学部の1年半に比べると2年間と長く、さらに専門課程2年と合わせてくさび形の一貫した教育が行われている。さらに、学生は学部で体系化された一つの学問領域を学ぶだけでなく、例えば物理系であれば、機械、電気、化学、数理といった別の分野も合わせて学ぶことが求められ、自分の世界以外に興味ある学問領域があること、さらには自分の専門がそれらの分野で生かせる可能性を知ることができる。そのために、就職や大学院進学に際して、

1961 (昭和36) 年8月

基礎工学部
建設予定地

1962 (昭和37) 年1月

写真15-2　基礎工学部学舎の建設開始

学部で専攻した学科の専門にこだわることなく、新しい学問領域への可能性を自ら追求することができる。後で述べるユニークな大学院入試制度もこの考えから生まれている。これらは創設以来変わらぬ精神として今も受け継がれている。

　さて、体制整備として、1961（昭和36）年より豊中キャンパス東部に学舎の建設が始まった。基礎工学部の建物（第1期工事、現在のB棟　1,750m²）が1962年4月に完成し、機械工学科（80名：2年次40名は工学部より振替・移行）、合成化学科（40名）、電気工学科（50名）の3学科でスタートした。1962年度には制御工学科（40名）、材料工学科（50名）が増設され、1963年度に化学工学科（50名）の増設をもって当初計画が終了した。これらの結果、講座体制としては、共通講座3講座、機械工学科10講座、合成化学科6講座、電気工学科7講座、制御工学科6講座、材料工学科8講座、化学工学科8講座（計48講座）で学生定員は310名となった。当初計画されていた原子核工学科の増設は断念されたが、代わって後に生物工学科、情報工学科の創設に繋がっ

た。

　教員が所属する教室としては、数理教室 4 講座、物理教室18講座（物性教室 7 講座、電気制御教室11講座）、化学教室12講座、機械教室 8 講座、共通 6 講座が設けられた。一方、1964年度に基礎工学研究科が新設されたが、大学院は研究重視であることから、領域の枠をできるだけ排して数理系、物理系、化学系の 3 大専攻に大別された。建物は1966年 3 月までに、当初計画の 5 階建て26,560m²が整備されたが、一つの建物の中に全ての教室が入ることにより、廊下でのコミュニケーションを含めて、異分野の教員、学生が交わる仕掛けを先人達は意図していた。

　ここで、基礎工学部のシンボルマーク「Σ」の由来について触れておく。Σは数学では sum（和）を表し、アルファベットでは S（サイエンス：科学）に相当する。一方、形状からはアルファベットの E（エンジニアリング：工学）を想起させる。これらを合わせて、Σが科学と技術の融合を意味するシンボルとなった。

　学生にとっては、学部では 3 年次に高等工業専門学校からの編入制度があり、実学を既に学び、その経験に立って基礎学問体系をより深く学びたいとの考えを持った新しい学生が毎年数十名加わることにより、活性化が図られている。一方、大学院入試では、学生が学部での専攻分野とは別の大学院専攻に進学を希望する場合には、学部で専攻した分野からの出題の科目に答える筆記試験を選択して受験することが可能である。これによって、意欲ある学生が他領域に進出しやすくなり、領域間の壁がずっと低くなり、さらには多分野間の学問の融合を図ることができる。柳田敏雄（現、生命機能研究科教授）などはその典型であり、学部で電気工学を学び、大学院で生物工学に進出し、今や世界をリードする生命科学の研究者となっている。また、この制度のために、大学院・基礎工学研究科には、他学部や他大学の様々な学部・学科の出身者が少なからず存在することも特徴である。

3．関西の産業界に支えられた基礎工学部の生い立ち

　基礎工学部の創設理念の達成のためには、優れた人材による先端的基礎研究の推進が要請され、また既存の他学部よりも遥かに優れた教育・研究環境の早急な整備が必要とされた。しかしながら、その額は当時の国家予算ではとても達成不可能な状況であり、通常なら計画は断念されたであろう。しかしながら、正田は当時の総長赤堀の全面的な支持と協力の下に、広く産業界・財界からの支援を要請した。このことは、大阪大学の創設に大阪の財界の多くが協力した歴史があったからこそできたことであろう。

　1963（昭和38）年4月に関西経済連合会（関経連）との協議の結果、当時の太田垣士郎関西電力会長を会長に迎えて、総数126名の役員から構成される大阪大学基礎工学部協力会が発足した。8億円の募金を目標に、工藤友恵関経連副会長、正田、赤堀が担当常務理事として、最初の1年間で目標額の半分を達成した。しかし、その間に太田垣会長の急逝という思わぬ事態を迎えた。しかし、それはむしろ関係者に緊張感を与えることになり、1964年5月に松下幸之助松下電器産業会長・芦原義重関西電力社長を会長・副会長に迎えて募金を継続し、ほぼ目標額を達成するに至った。当時の8億円は今に換算すれば10倍の価値があり、いかに多くの経済界、産業界からの基礎工学部創設とその理念達成に向けた熱い潮があったかが分かる。約7億円が研究設備の充実に当てられ、当時の最新のアナログ計算機を始め、多くの最新設備が整えられた。最高水準での教育研究活動が当初からスタートできたことは誠に幸運であり、その後多くの若手・学生の活躍にも繋がった。さらに、当時は珍しかった全館冷暖房装置の導入も目玉であった。図書室の充実とも合わせて、優れた環境の下で勉学・研究に励んでほしいとの財界からの贈り物であった。このように、基礎工学部協力会は様々な最新教育・研究設備を寄付して、1974年3月にその役割を終えて解散したが、このように大阪大学が地域に支えられて育ってきたことを、我々大阪大学人は決して忘れてはならない。

4．その後の発展と現在

　基礎工創設当時、生物現象を理工学の目で研究する生物工学は学問の融合領域としてまだ芽生えたばかりであったが、正田は生物工学科を増設すべく、東京大学から理論物理学者の小谷正雄を迎え、創設準備を行った結果、1967（昭和42）年度より全国初の生物工学科（6講座、学生定員40名）が発足し、1969年3月に3,346m²の建物も増築された。順調なばかりではなく、1968-69年に掛けて大学紛争の最中の1969年5月に過激派学生（全闘委）による基礎工学部建物への攻撃が始まり、ついに7月から11月に掛けて過激派により建物を封鎖された。寺子屋形式の研究室セミナーや旧中之島学舎を用いた裸電球の下での臨時講義などで凌ぐこととなった。

　ある種の立ち止まりを経験したが、その後1970年度より時代の要請に応えるべく全国に先駆けて情報工学科（6講座、学生定員40名）が創設され、一部振り替えを受けた電気工学科6講座（40名）、制御工学科5講座（30名）を加

写真15-3　基礎工学部学舎の移り変わり

えて、電気・制御・情報教室が拡充された。建物も1971年11月に3,468m²が増築され、現在の長さ170m に及ぶ直線廊下をもつ建物が完成した。この年、材料工学科は物性物理工学科に改称された。その後、川井直人により1974年に超高圧実験施設が、難波進により1979年に極限微細ビーム加工実験施設が設置され、統合後現在の極限量子科学研究センターに発展している。

　また、1981年に坪村宏により太陽光エネルギー化学変換実験施設が設置され、現在の太陽エネルギー化学研究センターに繋がっている。いずれも全学のセンターとしての役割を果たしている。これら施設分を含めて1,731m²が増築された。また、創設20周年の1981年には教育の国際化プログラム・公開講座開催場所として基礎工学部国際棟（Σホール1,116m²）が開設された。1992年に制御工学科はシステム工学科に改称された。同年5月に情報系の新棟1,951m²が完成した。1995-97年に掛けての大学院重点化に伴い、全教員の所属が学部から大学院に移行すると共に、大学院は物理系、化学系、システム人間系、情報数理系の4専攻に、学部が電子物理科学科（物性物理、電子光）、化学応用科学科（合成化学、化学工学）、システム科学科（機械、電子システム、生物工学）、情報科学科（情報と数理）に再編された。新しい学問領域を開拓しそれが大きな学問領域に育つ場合、親が子供の成長を認めると同様に、独立分離していくことも認めなければいけない。2002年に情報科学研究科、生命機能研究科の創設に伴い、計算機科学、ソフトウエアー科学両分野の教員が情報科学研究科に、生物工学分野の過半数が生命機能研究科に移行し、これに伴い、2003年に基礎工学研究科の大学院は物質創成専攻（物性物理、機能物質化学、化学工学、未来物質）、機能創成専攻（非線形力学、機能デザイン、生体工学）、システム創成専攻（電子光、システム、数理、社会システム）の3大専攻に改組された。

　学舎建設から40年を経て、設備の老朽化と耐震対策のための学舎のリニューアル（改修）も行われた。まず改修建物の研究室の移動先として2000年に新棟6,376m²が増築された。その後順次改修が進められ、2007年3月に改修工事が全て竣工した。講義室にはＡＶ機器、遠隔講義システムなども導入され、これからの講義方法にも対応できる。正面玄関前のサイン整備、講

写真15- 4　正田建次郎と正田記念庭園の梅

義棟前の庭園整備、中庭の集いの場の整備などが行われ、共通セミナーの行
える場等が確保された。これと呼応して、基礎工学部同窓会の手になる通称
「正田記念庭園」（基礎工学部国際棟向かい側の丘）の整備が行われ、正田ゆか
りの梅並木と記念碑の再整備とともに、新たに学問の木として名高い「楷の
木」のつがいと創設10周年に作られた正田の直筆になる基礎工の理念のレプ
リカの石碑が整備された。

5．21世紀の基礎工学部・基礎工学研究科の役割

　基礎工学部の理念「科学と技術の融合による科学技術の根本的な開発　そ
れにより人類の真の文化を創造する学部」の内、「科学と技術の融合」はそ
の後40年の間に多くの理工系学部がこの精神を取り入れたことから、その考
え方の正しさが証明されてきた。基礎工学部の先人達は、太陽電池、高速ト
ランジスター、磁性体、超伝導、超高圧極限科学、光化学、生命科学、情報
科学、数学、グリーンケミストリー、ロボット等々、多くの科学技術の根本

的な開発とそれをきっかけとする人類の文化の創造に貢献してきている。その結果として、基礎工関係者で、文化勲章、日本学士院賞・同恩賜賞、日本学士院会員、紫綬褒章、朝日賞、藤原賞、各省大臣賞などの対象者は今日までに30余名に達している。しかし、科学技術の根本的開発、ましてや人類の真の文化の創造に貢献するには、さらにたゆまない努力が必要である。最近の科学技術の特徴として、科学の新発見が新しい技術分野の誕生を促すと共に、画期的な新技術が科学を飛躍的に発展させる。従って、21世紀を担う科学・技術者には、理学と工学の枠を超えた柔軟な発想力が求められる。そこで、基礎工学部は、21世紀の科学と技術のパイオニアをめざし、科学と技術の先端的領域を切り拓く研究を行うと共にこれらを組み合わせた新しい学問領域を追求すること、活力溢れる応用力を持った国際的に活躍できる有能な人材を育成することに取り組んでいる。

まず、2003（平成15）年の改組に当たっても、新生基礎工学研究科として、将来を見据えた大専攻枠の組み替えとともに、それぞれの大専攻枠内に新しい学問領域である物理と化学の融合による未来物質科学の創成、機械と生物の融合による生体工学の創成、システムと数理の融合による文理融合領域である社会システム領域の創成という仕組みが組み込まれているところに特徴がある。

同時に既存分野の壁を越えて研究を実施する未来研究ラボシステムが併設された。これは、若手を中心に領域横断的に新しい学問領域を開拓しようとする試みをサポートするもので、次の時代の目を育てることに繋がっている。同様の趣旨で、分野横断的に基礎工学部談話会、Σ講演会が実施されており、基礎工同窓会主催の楷の木記念講演会やΣルネサンス塾では基礎工学部の精神を実践し業界トップで活躍する卒業生の講演が毎回行われている。

活力溢れる応用力を持った国際的に活躍できる有能な人材育成のために、様々な活動にも力を入れている。まず海外交流では、各種COE（国が選んだ優秀な研究を行う拠点）や大学院教育改革プログラムの下で、海外の大学・研究機関や国際会議へ大学院生が研究目的で長期・短期に多く派遣されている。また、大学院では英語のみで学位が取れる制度を実施しており、2008年

写真15-5　正田記念庭園から基礎工学部を望む

度には博士前期課程（修士）、後期課程（博士）を合わせて19名の留学生が入学している。そのシステムの中で、ベトナムの大学・研究機関との共同大学院も開設されている。一方、基礎工留学生相談室にはチューターを含む多くの留学生とその関係者が集い交流を深めている。また、未来研究ラボシステムのプロジェクトの1つである国際学生ネットワークではこの6年間に多くの学生派遣団が、大阪大学または基礎工学部が交流協定を結ぶ海外の大学を訪れ、現地大学生と様々な課題で意見交換と交流を深め、学生間のネットワークを形成する形で国際人としての訓練を受けてきている。

　研究面で、より幅広い学問領域、応用領域を学ぶための試みも行われている。まず、企業への1～3ヵ月の研究インターンシップを通じて、企業の研究開発を実体験すると共に、自分の研究の位置付けを学ぶことができる。また、大阪大学で実施されている臨床医工学、金融保険、ナノサイエンス・ナノテクノロジーといった高度副プログラム指定の部局横断教育にも積極的に教員が参加するとともに、学生も組織的に多数を送り出し、幅広い人材育成

と付加価値の付与に努めている。博士号取得お祝いの会も毎年行われており、分野を超えた研究交流の機会ともなっている。

6．むすび

　基礎工学部の役割は、対立する要素や異文化を取り入れて、融合し、そこからより幅広い人々が共有できる、より人間性豊かな科学技術、新しい文化を創造するとともに、これらを担う新しい発想を持った人材を輩出することにある。基礎工とは何か？そして、そこで働き学ぶ各人が何を果たすべきか？その原点を常に問い続けること。そしてその答えは、正田初代学部長の言葉「一人ひとりの卒業生を見て下さい。」に尽きる。基礎工学部・研究科の研究教育においては学生が主役なのである。

　岡山の江戸時代の藩の学問の府であった閑谷学校にある、幹が一抱えもある楷の木は毎年秋には、美しく紅葉する。正田記念庭園の楷の木も、創設以来約2万人の卒業生を育んだ基礎工学部と共にこれからもすくすくと育ち、基礎工の今と未来を見つめ続けるに違いない。

参考文献
・大阪大学五十年史編集実行委員会編『大阪大学五十年史　部局史』大阪大学、1983年
・『大阪大学基礎工学部　2007-2008年版』日経ＢＰ企画、2006年
・『基礎工学部協力会会報』

第16章　人間科学部

小泉　潤二

1．日本最初の人間科学部の創立

　大阪大学人間科学部は、日本で最初の「人間科学部」である。人間科学部の最大の特徴はそこにある。

　1972（昭和47）年度に、大阪大学文学部から心理学、社会学、教育学の3系9講座が独立して、人間科学部が創設された。新学部の理念は教育学の森昭が執筆し[1]、心理学では前田嘉明、社会学では甲田和衞が中心となった。こうして日本ではじめて、「研究領域の境界を越えて人間を科学的・学際的に研究する」人間科学部が誕生したのである。1976年度には大学院人間科学研究科修士課程、2年後には博士課程も設置された。

　このように最前線を切り開くパイオニア精神は大阪大学を特徴づけるものであり、大阪大学が人間科学部を全国に先駆けて創設したことは、そうした精神の際立った現れとしてしばしば言及されている。

　「人間科学」という言葉は、アメリカの文化人類学などにおけるサイエンス・オブ・マン（science of man）の理念に由来するという見方もあるが、むしろフランスのシアン・ジュメンヌ（sciences humaines）との関係が強いと言われる。人間を研究対象とし経験的・実証的方法を重視する総合概念であり、自然科学に対して開かれた姿勢が特徴となっている。

いずれにしても現在の日本では、「人間科学部」は珍しくなくなった。東洋英和女学院大学、神奈川大学、文教大学、大阪経済大学、大阪国際大学、甲南女子大学、神戸女学院大学、西南学院大学などに人間科学部があり、上智大学には総合人間科学部、京都大学には総合人間学部、名城大学には人間学部がある。現在「人間」という言葉を含む学部・学科の数は、400に近いと言われ、人間科学という言葉を含む大学院の専攻も多い。「人間科学」という言葉自体を冠した大阪人間科学大学や人間総合科学大学もある。

　しかし、これは1990年代以降の現象で、1980年代まで大阪大学人間科学部はほとんど全国で唯一だった。これに続くのは1983年の常磐大学新設で生まれた同大学人間科学部と早稲田大学が1987年に創設した人間科学部ぐらいである。90年代半ばに人間科学部の数が増えてから、全国の人間科学部が集まって「人間科学フォーラム」と呼ばれる年次のシンポジウムを開始したが、2004年10月に大阪経済大学で開かれた第10回フォーラムを最後として休止した。

2. 創立10周年

　「心理学」「社会学」「教育学」という3本の柱は、人間科学部の基本構造として当初から維持されてきた。それは学問的な大分類であり、組織を構成する原理でもある。現在は設立当初のような明確な三区分ではなくなっているが、この三要素が人間科学を、少なくとも人間科学部をつくっていることは現在でも明白である。

　1976（昭和51）年度の学生便覧によれば、当時は20の講座があり、大学院ではそれらが以下のような4専攻に組織されていた。この構造は、その後長期間にわたって維持されている。

行動学：	行動学、産業行動学、社会心理学、比較行動論、行動生理学、行動工学
社会学：	理論社会学・社会学説史、経験社会学・社会調査法、コミュニケーション論、集団論・組織論
教育学：	教育技術学、教育心理学、教育社会学、教育制度学、社会教育論
人間学：	人間学、人間科学基礎論、人間形成論、人類学、人間生態学

　大阪大学に人間科学部が生まれて10年目の1983年には、『創立十周年記念論集』[2]が刊行された。小講座制をとっていた当時の人間科学部の、17名の教授が論考を寄せている。

『創立十周年記念論集』（1983）　目次

数学的モデル論の立場から見た学習の基本法則　（小野茂）
行動科学の視座におけるリーダーシップの研究－リーダーシップＰＭ論の展開－（三隅二不二）
構え理論の基本構想－人間科学としての心理学の形成－（川口勇）
野生九官鳥の行動と生態　（宮本健作）
原猿類の生態と脳形態－適応の比較神経学的考察－（俣野彰三）
ニホンザル集団の歴年変化－岡山県勝山の場合－（糸魚川直祐）
運動の社会学の回顧と展望　（塩原勉）
Andhra の村　（甲田和衛）
農業集落の計量的研究－1970年農業集落カードの主成分分析－（西田春彦）
目的論における言語と労働－ヘーゲルを中心に－（田中清助）
儀礼の遂行性－儀礼論の一面－（青木保）
「精神分析学と解釈学」その１－人間科学と哲学との対話のために－（徳永恂）
教師教育と教育工学の接点　（水越敏行）
青年期の自我同一性地位に関する研究　（中西信男）
子どもの発達と公教育論の課題　（金子照基）
職業・技術教育における教育課程編成法研究の系譜　（元木健）
現代日本におけるエリート形成－「学歴エリート」を中心として－（麻生誠）

　こうした多様な主題を集めた論集の序文で、当時の三隅二不二学部長は次のように書いた。

　　　　人間科学部は、現代という未曽有の転換の時空のなかにおいて、現代の人類社会の学問的要請にもとづいて構想され、創設されたものである。それは、従来の文学部や教育学部とはことなる新しい学問分野を含む教育・研究のシステムであるのだが、現実的には、人間を対象とした人文・社会科学の分野を中心として、人間の研究にかかわる自然科学の諸分野をも含むものである。（中略）人間と社会に関する人間科学の振興は現代的緊急課題といっても過言ではあるまい。（中略）

現代の人間科学は、人間を生物的存在として、また社会的存在として実証的にとらえようとする経験科学である。個体行動を研究対象としてその法則性の追求のみならず、集団行動、また組織的行動や制度的行動、文化的行動などを研究対象とするのである。生物学・心理学・社会学・文化人類学を中心とすることはいうまでもない。また、教育・産業・医学などの諸分野における行動科学の探究をすすめる。実践科学の分野においては、所与の対象の分析のみでなく、方策・訓練・治療に含まれる方略的、技術的研究がすすめられる。(中略) 今や十年を経過したわが人間科学部研究体制の重要課題の一つは、(中略) 現代の学問的要請にどのようにこたえて、創造的発展をすすめていくかということであろう。

　ここには、創立後10年を経て、出発点に依拠しながらもより明確となった人間科学部の理念が表れている。

3．創立20周年

　その10年後、創立20周年の1992（平成4）年には、記念論集『人間科学への招待』(有斐閣、1992年) が刊行された。心理学の中島義明、社会学の井上俊、教育学の友田泰正の3名による編纂である。この10年の間に、講座数は行動系8、社会系8、形成系8の合計24に増えた。論集には教授ばかりでなく助教授も加わり、冒頭に「人間科学とは何か」、最後に「人間科学の方法」という、多数の教授による座談会が収録されている。論集の本体部分は、以下の7章からなり、それぞれについてさまざまな分野の研究者によるコメントが加えられている。

『人間科学への招待』（1992）　目次

1　〔見る〕　「認識的解決」における「相対性原理」（中島義明）
2　〔知る〕　心の内と外をめぐって　（菅井勝雄）
3　〔交わる〕　動物の「人間らしさ」・人間の「動物らしさ」（南徹弘）
4　〔変わる〕　変わる「男らしさ」・「女らしさ」（伊藤公雄）
5　〔悩む〕　悩む（倉光修）
6　〔遊ぶ〕　意味への意思−〈遊びの人間学〉のための序説−（菅野盾樹）
7　〔生きる〕　人工喉頭−「生きる意欲」の回復−（宮本健作）

　10年前と比べ、「心理学」「社会学」「教育学」相互の独立性が薄れ、学際性や文理融合への志向が強まっている。執筆者の中には、理論社会学の塩原勉、計量社会学の直井優、ドイツ思想研究の三島憲一、神経生理学の山本隆などのほか、放送大学副学長や東京女学館大学長を務めた麻生誠、中央教育審議会副会長などを務め現兵庫教育大学長の梶田叡一、現文化庁長官の青木保らの名がある。本書は広く人間科学の入門書としての地位を得た。

4．人間科学部の施設

　大学設置基準大綱化にともなう教養部改組により、社会学や心理学の新たな講座が人間科学部に加わり、1995（平成7）年度の人間科学部は29の小講座と附属実験施設を擁するまでに成長していた。附属実験施設とは、1980（昭和55）年設置の「附属比較行動実験施設」である。その歴史は古く、文学部心理学研究室時代の1958年に、岡山県真庭郡勝山町と協力して野生ニホンザルの餌付けに着手したことに始まる。勝山ニホンザル集団の個体を識別し命名し、その後現在まで個体の相互作用や社会関係などを記録し分析してきた。このような長期にわたり個体識別に基づく継続研究が行われることは世界的にも稀であるとされる[3]。1965年には岡山県真庭市に大阪大学比較行動学勝山第一実験所、1972年には同第二実験所が設置され、野生のニホンザルを観察する施設となった。1975年には、吹田の本館に隣接する実験棟で霊長類行動を観察する行動実験観察棟が設けられ、これらを併せて1980年に附属比較

行動実験施設となった。

　創立25周年の1997年には記念式典が行われた。この年に、人間科学部新館
となる「東館」が竣工したのである。人間科学部は豊中キャンパスの、現在
の文学部の一角で発足し、1975年には現在の本館が完成して吹田キャンパス
に移転したが、相次ぐ講座増や学部・研究科の拡大により面積が大きく不足
していた。東館竣工後も人間科学部・人間科学研究科の拡大は続き、現在で
はこの学部の母体となった文学部・文学研究科とほぼ同一の規模となり、狭
隘化は著しく進んでいる。

5．大講座化と大学院重点化

　1996（平成8）年度、糸魚川直祐学部長のもとで学部組織の全面改組が行
われ、29の小講座が6大講座に統合再編されるとともに、人間科学の3本の
柱に支えられる「ボランティア人間科学講座」が新設された。ボランティア
活動に関する教育研究は全国に先がけて人間科学部で開始したものであり、
ここでも大阪大学の先進性と実践性が現れている。この再編により人間科学
部は7大講座体制となり、大講座内では各研究分野間の連携が強まることに
なった。

　1999年度に臨床心理学講座が新設された後、2000年度には中島義明学部長
のもとで、いわゆる大学院重点化が完成した。全教官は大学院人間科学研究
科の所属となり、人間科学部教官を兼務することになった。人間科学部の教
育組織は行動学科目、社会学科目、人間学科目、教育学科目、ボランティア
人間科学科目の5学科目制となり、大学院人間科学研究科はそれまでの4専
攻体制から、すべて「人間科学専攻」として1専攻となった。この時までの
大学院は、実験的の手法を駆使して人間行動を研究する行動学専攻、社会の構
造や変動を理論的・実践的に解明する社会学専攻、多様な教育現象を実践
的・科学的に究明する教育学専攻、人間と社会の課題をグローバルな視点か
ら研究する人間学専攻という4専攻からなっていた。1専攻への統一は、も
ともと理念を共有しながら異なる専門分野の集合として出発した人間科学

の、実質的な融合が進んだ結果とみることができる。

6．ＣＯＥとＧＰ

　2002（平成14）年度に、文学研究科を中核拠点とし現大阪大学総長の哲学者鷲田清一を拠点リーダーとして、21世紀ＣＯＥプログラム「インターフェイスの人文学」が開始した。人間科学研究科からも6名の研究者が事業推進担当者として参加し、とくに「トランスナショナリティ研究」「イメージとしての日本」「臨床と対話」などの研究班で大きな役割を果たした。人間科学研究科から、経済学研究科を拠点として開始した21世紀ＣＯＥプログラム「アンケート調査と実験による行動マクロ動学」には社会学者が、歯学研究科を拠点として開始した21世紀ＣＯＥプログラム「フロンティアバイオデンティストリーの創生」には生理学者が事業推進担当者として参加しており、こうしたところにも多様な分野に開かれ学際性を真髄とする人間科学の特徴をみることができる。

　2007年度には、「インターフェイスの人文学」の後継として、グローバルＣＯＥプログラム「コンフリクトの人文学国際研究教育拠点」が採択された。これは人間科学研究科を中核拠点とし人類学の小泉潤二を拠点リーダーとして、現代世界の軋轢や摩擦、異文化間の葛藤や紛争に関する教育研究を展開し拠点を形成しようとする5年間の事業である。

　大学院教育を充実し強化するための事業も同時に進行している。2005年度から2年間の大学院ＧＰ（「魅力ある大学院教育」イニシアティブ）では、教育学の志水宏吉を取組実施担当者とする「『実践的研究者』養成をめざす人間科学教育（フィールド経験と理論的世界との統合）」、2007年度から3年間の大学院ＧＰ（大学院教育改革支援プログラム）では、社会学の川端亮を取組実施担当者とする「人間科学データによる包括的専門教育」が採択されている。前者の大学院ＧＰでは、実験、観察、社会調査、フィールドワーク、アクション・リサーチ、臨床研究等の経験的手法を用いて行われる実践的な教育研究活動を人間科学研究科において強化し、後者の大学院ＧＰでは、そのようにして

収集された人間科学データについて、数量的データの解析や調査倫理の遵守も含めて包括的な教育を進めようとしている。このような外部資金による教育改革を通じて、人間科学研究科・人間科学部の教育はさらに充実するとともに、その個性をより明確にしつつある。

7．法人化と大阪外国語大学との統合

　大阪大学ばかりでなくすべての国立大学は、いわゆる法人化、つまり2004（平成16）年度に国立大学法人に移行したことにより、きわめて重大な変革期に入った。厚東洋輔研究科長・学部長の時代である。当然ながら人間科学研究科も激動の中に置かれ、現時点では法的な位置づけの変更が実質的な変革を強力にもたらしつつある。上記のCOEやGPなど、競争資金による大型事業推進の活発化も、その部分的な現れに過ぎない。

　法人化後の大阪大学にとって、また人間科学研究科にとって最大の出来事は、2007年10月の大阪外国語大学との統合であろう。これはそれまでの国立大学の統合と異なり、大学に1つの学部や研究科を追加するという単純な種類のものではなかった。人間科学研究科も13名の教員を迎えて、新たに「グローバル人間学専攻」を設置することになった。この新専攻は地域研究講座と人間開発学講座からなる。後者は旧ボランティア人間科学講座の発展形態としての側面をもち、前者は地域研究に本格的に取り組む講座として国立大学でも稀である。こうして大学院が2専攻制になるとともに、学部も行動学・社会学・教育学・グローバル人間学の4学科目に再編された。

8．実践と学際の人間科学へ

　2007（平成19）年に、『実践的研究のすすめ－人間科学のリアリティー』（小泉潤二・志水宏吉編、有斐閣）が刊行された。「魅力ある大学院教育」イニシアティブ「『実践的研究者』養成をめざす人間科学教育」の成果であり、人間科学研究科の31名の研究者が分担して執筆している。以下のような章立てで

あり、人間の研究を進める際の理論・方法とさまざまに異なるアプローチが
説明されている。

『実践的研究のすすめ』（2007）　目次

第1部　研究のプロセス
　第1章　「実践的研究」－概念と意味－　（小泉潤二）
　第2章　研究をデザインする－データの特徴を生かす－　（川端亮）
　第3章　研究を位置づける－倫理とリスク管理－　（中村安秀）
　第4章　研究を進める－実践としての研究－　（志水宏吉）
　第5章　研究をまとめる－「バイリンガル」に－　（渥美公秀）
第2部　研究の方法
　第6章　実験法　（森川和則）
　第7章　質問紙法　（大坊郁夫）
　第8章　行動観察法　（中道正之）
　第9章　統計解析　（足立浩平）
　第10章　フィールドワーク－出会いとすれ違い－　（中川敏）
　第11章　インタビュー法　（木村涼子）
　第12章　臨床心理面接法　（井村修）
　第13章　混合研究法－ mixed methods research －　（中村高康）
　第14章　アクション・リサーチ　（草郷孝好）

　このようなかたちで、人間科学部に設立の当初から色濃かった実践への志
向性が明瞭に定着された。人間を科学する際に、現地・フィールド・臨床・
面接・実験といった鍵概念を離れることはできない。人間が生き、人間が思
考し行動する現場から出発して経験的に、また実践的に調査を進めようとす
る方向性が、人間科学の理念の中核にある。また人間科学部は、社会教育主
事講習の担当、心理教育相談室の開設、JICA（国際協力機構）の研修や人材
育成支援無償事業（JDS）の実施など、実践的な社会貢献を行ってきた。臨
床心理士を数多く育て、教育職員免許のための教育活動の中心となり、社会
調査士認定制度の創設においても主要な役割を果たしてきた。

9. 人間科学研究科の現在

　下図のように現在の人間科学研究科は、2専攻・9大講座・46研究分野からなる。

専攻名	講座名	研究分野名
人間科学	先端人間科学	グローバル社会論、コミュニケーションメディア、リスク人間科学（連携講座：安全工学心理学）
	人間行動学	基礎心理学、適応認知行動学、対人社会心理学、臨床死生学・老年行動学、環境・感性情報心理学、応用行動学
	行動生態学	比較発達心理学、行動生理学、行動データ科学、行動形態学
	社会環境学	社会学理論、現代社会学、経験社会学、社会データ科学、コミュニケーション社会学、文化社会学、福祉社会論
	基礎人間科学	論理科学・科学基礎論、基礎人間学、現代記号学、文明動態学、人類学、人間と文化
	臨床教育学	教育人間学、教育工学, 教育心理学、臨床心理学、学校臨床学
	教育環境学	教育社会学、教育制度学、生涯教育学、教育文化学
グローバル人間学	人間開発学	国際協力学、紛争復興開発論、国際社会開発論、多文化共生社会論、人間環境論
	地域研究	動態地域論、超域地域論、地域秩序論、地域知識論

　現在は教授39名、准教授25名、講師4名、助教17名、合計85名の教員を擁し、このほかに特任助教が10名、特任研究員が11名である。学生定員は、学部130、3年次編入学定員10、博士前期課程89、博士後期課程42に増加した。1972（昭和47）年の発足当時にはおそらく想像しにくかった規模と形態に成長し、学際融合とくに文理融合の理念を体現している。発展は加速しているかもしれない。日本経済新聞（2008年11月28日）は、「産業界、社会・経済に貢献する大学」について1万人に対する調査を実施したが、その結果によれば「社会が望む大学像」として最も重要なのは「時代のニーズに即した学部・

学科がある」こと、そしてそのような関西の大学の第1位は大阪大学である。同紙はその理由を「一、二位の大阪大学、京都大学については、『人間科学系』の学部の存在が上位の要因として考えられる。大阪大学の人間科学部では、先端人間科学、グローバル人間学など、時代に合わせた学際的領域を扱っている」と説明している。人間科学部に対しては、大阪大学全体ばかりでなく、社会からの期待も高まっているのである。

注

1）厚東洋輔氏による。
2）『創立十周年記念論集』大阪大学人間科学部、1983年。これについては厚東洋輔氏にご教示いただいた。
3）附属比較行動実験施設ホームページ（http://esl.hus.osaka-u.ac.jp/）より。

参考文献

・『大阪大学大学院人間科学研究科』パンフレット、2008年
・『大阪大学人間科学部』パンフレット、2008年
・『創立十周年記念論集』大阪大学人間科学部、1983年
・小泉潤二・志水宏吉編『実践的研究のすすめ－人間科学のリアリティ－』有斐閣、2007年
・中島義明・井上俊・友田泰正編『人間科学への招待』有斐閣、1992年
・大阪大学人間科学研究科ホームページ　http://www.hus.osaka-u.ac.jp/

第17章　外国語学部

南田みどり　杉本孝司　高橋　明
三原健一　高階美行

　大阪大学外国語学部の歴史を語ることは大阪外国語大学の歴史を語ることであり、本章の大半が大阪外国語大学の沿革に割かれている。1921年に設置された大阪外国語学校（1944年大阪外事専門学校と改称）から1949年国立学校設置法により新制大学として発足した大阪外国語大学が2007年に大阪大学と統合するまでを、ある時は資料として、ある時はその時代を生きた人の声として、語ったものである。

1．大阪外国語学校 – 大正デモクラシーの中で –

1921　大阪外国語学校創立
1922　開校式を挙行
1937　花園運動場新設

　1918（大正7）年大阪府多額納税者2位であった海運業林竹三郎は、遺言で100万円を社会の公益事業に寄付するよう指示して52歳の生涯を終えた。府民のための学校づくりを考えた妻蝶子は、亡夫の親友で時の文部大臣中橋徳五郎の助言を仰ぎ、中橋は、

写真17-1　林　蝶子

東京にあって大阪にない国際人養成の外国語学校の設立を示唆した。1920年蝶子は府にその建設費として100万円を寄付した。

　1921年12月9日、大阪外国語学校が創設された。東京外国語学校は、文科、貿易科、拓殖科に分かれていたが、大阪は本科のみ。募集人員は支那語部35名、蒙古語部10名、馬来語部25名、印度語部15名、英語部35名、仏語部30名、独語部20名、露語部20名、西語部10名で、選抜試験科目は、国語および漢文、外国語（英、仏、独のうち1）、東洋史、数学（代数、幾何）の4科目。募集人員200名に対して1,344名の志願者があった。

　同校は、国際的実務者養成を学則で打ち出し、募集要項の配列順では東洋語部を先に配してアジア重視の姿勢を示した。折り襟背広の制服で大阪市民を驚かせ、上本町8丁目に出現した鉄筋コンクリート3階建ての校舎本館、講堂などのある2階建ての校舎も人目を引いた。同年5月に中之島に完成した5階建て高さ52メートルの大阪市庁舎が大阪で最も高い建物だった時代である。開学当初の職員は校長1名、教授9名、助教授2名、傭外国人教師4名、ほかに日本人、外国人あわせて講師16名、嘱託1名、書記4名、傭人7名の合計44名であった。

2．大阪外事専門学校 − 戦争の暗雲を超えて −

　1944　大阪外事専門学校と改称
　1945　戦災により書庫を除き校舎等の大部分を焼失
　1946　大阪府高槻市の元工兵第四連隊跡に移転、授業を行う
　　　　事務所を大阪市天王寺区上本町8丁目に変更

　満州事変勃発の翌年1932（昭和7）年の蒙古語部志願者は108名。開学以来初めて100名を超えた。だが1936年には関東軍特務機関員であった蒙古語部卒業生3名の戦死が報じられ、1937年日中戦争突入に伴い、教員、卒業生のみならず、生徒も戦場に駆り出された。1939年支那語部が増員され、亜刺比亜（アラビア）語部が設置された。1938年の「国家総動員法」公布により、

夏休みから勤労奉仕が開始され、勤労
動員、学徒動員に至る。1941年修業年
限短縮、繰上げ卒業がなされ、1943年
学徒出陣も始まった。1943年12月、文
部省は「教育に関する戦時非常措置」
に基づく「学校整備要綱」を発表。
1944年4月1日、東西の外国語学校は
外事専門学校と改称された。

写真17-2　　1947年大阪外事専門学校
高槻校舎正門

　国際的実務者養成を謳った学則は
廃止され、新たな規則は、皇国の道に則り海外諸民族の事情及びその言語に
関する高等教育を施し国家有用の人材を錬成することを目的と定めた。本科
は東洋語部と西洋語部の2部に分けられ、従来の語部は科となった。科名は
支那、蒙古、英米科を除きカタカナ表記となった。1945年3月の大阪大空襲
で書庫を除く校舎の大部分が消失した。4月には新設ビルマ科を含む11科
380名が入学。新入生の多くは学徒動員先で、8月の終戦を知った。9月か
ら間借り授業が再開し、1946年2月には高槻市の元工兵第4連隊跡地に移転。
8月、学校規則の一部改正により、「皇国の道に則り」は削除、「人材の錬成」
は「育成」に改められた。2部制は廃止され、支那科は中国科に、マライ科
はインドネシヤ科に改められた。

3．大阪外国語大学－戦後の復興とともに－

1949　大阪外国語大学設置

1951　大阪外事専門学校廃止

1954　留学生別科設置

1958　大阪外国語大学短期大学部（夜間）設置

1965　大阪外国語大学短期大学部（夜間）学生募集停止

　　　外国語学部第二部（夜間学部）設置

1969　大学院外国語学研究科（修士課程）設置

写真17-3　1970年代前半の上本町 8 丁目大阪学舎正門

　戦後間もない1949（昭和24）年、大阪外事専門学校（1951年 3 月廃止）を包括して大阪外国語大学が設置された。この年だけで新制国立大学が69校設置されている。教育制度においても日本の戦後復興がいかに急ピッチに進められたかが分かる。 1 ドル360円の単一為替レートもこの年に設定されている。まだまだ戦後色が色濃く残っている時代である。1954年には後に留学生日本語教育センターと改組される留学生別科が設置された。外国語学部の授業は高槻校舎と大阪校舎の両方で行われる形態が創立35周年を迎える1957年まで続いていた。それでも上本町 8 丁目にあった大阪校舎が新制外大設置後30年で箕面に移転するまでは、大阪外大の拠点であったことは誰もが認めることだろう。お世辞にも立派とは言えない正門で、初めて訪れた人には、なかなか正門であることに気づいてもらえない代物だったが、春ともなれば桜が満開でそれなりの雰囲気を醸し出してくれていた。実はこの大阪校舎は繁華街の上本町 6 丁目に近かったので、今でも当時の校舎を指して「上六校舎」と呼ぶ外大卒業生も多い。新制外大の上八で学生時代を過ごした外大生なら誰もがそう認めるが、外大帰りの上六は歓楽街そのものといった雰囲気で、夕方ともなればネオンが輝き出し、乱立する飲み屋や食堂、雀荘やパチンコ店、古書店や寿司店などに授業帰りの外大生があちこちに出没していた。そんな場所で教員と出会うこともしょっちゅうで、ちゃっかりご馳走になる学生も特に珍しい存在ではなかった。この上六界隈の繁華街に学生時代の想い出を重ね合わせる卒業生も数多くいることだろう。

4．キャンパス移転－拡充・発展を求めて－

1972　創立50周年記念祝典を挙行
1979　保健管理センター設置
　　　箕面市大字粟生間谷2734に移転
　　　粟生間谷校舎にて授業開始
1981　新学舎落成祝典を挙行

　それまで大阪市上本町8丁目にあった学舎を後にして、現在の箕面キャンパスに移転したのは1979（昭和54）年の夏であった。年度途中の移転ということもあり、箕面の新校舎で半年だけ学んで卒業していった学生たちも多くいた。現在でも箕面キャンパスへのアクセスは便利とは言えないが、当時の夜間学部生には昼間に定職を持つ学生がまだまだ多く、定時で仕事を終えてから箕面の山奥まで遅刻しないように通うことは大変であった。もともと午後6時始まりだった夜間の授業が、午後6時10分始まりとなったのは、このような通学事情があったからだろう。当然のことながら、移転に際しては、この2部問題をめぐって様々な意見が交わされていた。中でも「夜間は上八校舎で、昼間は箕面で」という希望は2部生からの根強い声となっていた。しかし現実問題としては旧校舎跡地の売却は移転の前提でもあり、教職員・学生全員が同時に箕面学舎に集まることになった。市内上六の繁華街近くにあった旧外大跡地に

写真17-4　1980年代前半の箕面キャンパス

195

は今は大阪国際交流センターが建っている。ここが外大跡地だと知る人も今ではそう多くはないだろうが、会館入口横手に小さなプレートがあり、外大の跡地だと知る事ができる。1979年当時は、現在の校舎がすべて揃っていた訳ではなかったが、それでも移転するだけの価値はあったと思わせる程、広々としたキャンパスにほどよく校舎が建ち並び、その後の拡充・発展を視野に入れた展望を思い描いた学生・教員も多くいたに違いない。

５．大学改組－個別と普遍へ（２学科への再編）－

1991　留学生日本語教育センター設置（留学生別科の改組）
1993　外国語学部第一部、第二部の語学科を国際文化学科
　　　（昼間主コース・夜間主コース）及び地域文化学科
　　　（昼間主コース・夜間主コース）に改組

　1979（昭和54）年９月から、長年の懸案であった大学移転も無事に済み、現在の大阪大学箕面キャンパスとなっている箕面市粟生間谷の地で、新たに授業が始まった。その後しばらくして、久しく途絶えていた大学改革の動きがようやく本格化することとなったが、その背景には日本社会の高等教育をめぐる大きな変化があった。最も大きな要因は、2000（平成12）年までに日本の18歳人口の大幅な減少が見込まれる結果、大学淘汰の時代がすぐそこまで来ていることに対する危機感の共有であったが、1991年当時の文部省が大学設置基準を大幅に改正したことがさらに

写真17-5　2006年頃の箕面キャンパス

激震をもたらした。それは、一般教育科目と専門教育科目などの授業科目区分の撤廃を含むカリキュラム編成の自由化、自己評価システムの導入など、従来の大学教育の在り方に根本的な変革を迫る内容であった。

　このような状況の中で、学内では将来計画委員会を中心に大学改革を目指して教職員が一丸となっての真剣な検討作業が進んだ。そこでまとめられた新構想案は、さらに1991年11月から大学改革準備委員会に引き継がれ、やがて新しい理念と基本構想に基づき「地域の再認識＝個別化」と「世界への統合＝普遍化」の2つの方向をそれぞれ教育と研究において実現するために、1993年地域文化学科と国際文化学科の2学科体制に改組することとなった。

6. 区分制大学院－研究科の拡充－

1995　情報処理室を設置
1997　大学院言語社会研究科（博士課程）設置
　　　大学院外国語学研究科（修士課程）廃止

　大阪外国語大学における大学院の歴史は1969（昭和44）年に遡り、この年の4月に、中国、南アジア、英、イスパニア他の9語学専攻（14コース）からなる大学院外国語学研究科（修士課程）が設置された。区分制大学院となったのは1997（平成9）年のことであり、以前からの修士課程を引き継いだ博士前期課程と、新たに設置された博士後期課程は、大学院言語社会研究科として再出発することになる。大阪大学との統合を目前とした2007年9月の段階では、博士前期課程に、「外国語大学」のイメージと言ってもよい、東アジアコース（中国語、朝鮮語、モンゴル語）からアメリカコース（英語、ブラジル・ポルトガル語、スペイン語）までの7コースの他、日本コース、日本語日本文化教育センターを中核とする日本語日本文化特別コース、そして、統合によって学生募集が停止された国際コース、通訳翻訳学専修コースを含む、全11のコースがあった。博士後期課程は、より総合的な視点からの教育・研究を推し進める目的で、コースの別は設定されていなかった。統合前は、博士前期

写真17-6　大学院学位記授与式

課程の1学年定員が88名であったが、文系単科大学としてはいささか多すぎる学生定員数で、定員充足に苦慮したことも正直なところあった。統合により1学年定員が35名となったのは、ある意味では適正規模の学生数に収斂されたと言える。

7．大阪大学との統合－新次元への飛躍を目指して－

2004　国立大学法人大阪外国語大学発足
　　　情報処理室を情報処理センターとして改組
2005　留学生日本語教育センターを日本語日本文化教育センターに改称
2006　大阪大学と大阪外国語大学との「大学統合推進合意書」締結式
2007　国立大学法人大阪大学と統合

　区分制大学院の改革が功を奏し、大学として初めての博士の学位を授与す

大阪外国語大学の徽章

左は Osaka Linguae の頭文字 O と L を組み合わせて花文字による図案化をはかったもので外大のシンボルマークとしても親しまれていた：右は盾形でラテン語で EX ORIENTE LUX ET PAX「光と平和は東方より」と書かれ、第一次大戦終了時という本学創設期の世界情勢の中にあって、平和と文化の光を東洋の国、日本から全世界に向かって拡げることを意味しており、大阪外国語大学の理念を表したものである。

る頃から、少子高齢化社会の到来を目前にして、国立大学の改革をめぐる議論が急激に高まり、大阪外国語大学も近隣大学との意見交換を進めることとなった。こうした様々な意見交換の結果、2004（平成16）年4月にスタートした国立大学法人の年度計画において、大阪大学と大阪外国語大学の双方は「再編・統合も視野に入れた」検討を開始することを明確に記載した。この結果、同年5月より両大学は連絡協議会を設

写真17-7　合意書に署名後、握手を交わす外大・是永学長（左）と阪大・宮原総長（右）

置して議論を開始した。長い歴史を有し学風の異なる両大学は、まず双方を
よく知りあうことからスタートし、同年7月には宮原秀夫総長と是永駿学長
（いずれも当時）が双方の大学を訪れ再編協議に臨む基本姿勢を述べた。これ
を一つの契機として具体的協議へと進んだが、学内における各種の意見を経
て、実に多様で複雑な議論が統合推進合意書の締結（2006年3月）として結
実するまでには、2年弱を要した。これを踏まえて両大学は、同年4月、文
部科学省に新大学設置計画書を提出するとともに、統合推進協議会を直ちに
設置し、統合後の大学運営に関わるあらゆる面についての検討を、2007年10
月の統合直前まで精力的に進めた。なお、法人化の1年後2005年には、留学
生日本語教育センターは日本語日本文化教育センターと改称し、この名称の
まま大阪大学の新部局となった。

　統合後の現在、「総合大学の包括的な知の体系に参画して、外大としての
伝統を維持発展させつつ、人間の知の枠組みを広げる新たな次元への飛躍を
目指す」統合理念（是永前学長）の結実が、強く求められている。

参考文献

（本文中の年号などは以下の文献に基づく。写真（「林蝶子」「1947年大阪外事専門学
校高槻校舎正門」「1980年代前半の箕面キャンパス」）は『大阪外国語大学70年史・資
料集』に依る。その他は大学／外国語学部所蔵の資料に依る。いずれも関係者の許可
を得て転載したもの。）

・大阪外国語大学70年史編集委員会編『大阪外国語大学70年史』大阪外国語大学70年
　史刊行会、1992年
・大阪外国語大学同窓会編『大阪外国語大学70年史・資料集』大阪外国語大学同窓会、
　1989年
・大阪外国語大学編『大阪外国語大学の現状と課題』大阪外国語大学、1994年

V　まとめ

第18章　大阪大学の目指すもの

木川田　一榮

1．歴史に学ぶという意味

　「愚者は経験に学び、賢者は歴史に学ぶ。」[1] は、ドイツの鉄血宰相ビスマルク（1815-1898）の言葉として知られている。「何々を学ぶ」という姿勢の人は一般的である。しかしながら「歴史を学ぶ」と「歴史に学ぶ」という姿勢では、まったくその意味合いが違ってくる。前者は、対象から「何かを知る」という理解や解釈にとどまるのが一般的である。一方、後者は、学んだことがたんなる知識としてとどまらずに、日常の立ち居振る舞いのなかに現れてくるのである。つまり、学んだ知識が、現状に照らし合わせて「何らかの行動を起こす」という実践につなげる知行合一[2] の姿勢がある。

　懐徳堂は、三宅石庵たちの儒教文献の「古典に学ぶ」という志を持った同志たちの読書会から始まったといわれている。そして、当時の商人たちにとって、もっとも重要な「徳」のある行動規範、大阪商人道ともいえる基礎を築いていったのである。そうした懐徳堂の同志のなかでも中井竹山の弟である中井履軒は、奇人として知られていたという。履軒は、徳川政権体制に迎合するような生き方を嫌い、悠々と独自の道を履む学者として、志をそのとおりにふみ行うというコミットメントから履軒と名乗り、かえって人びとから尊敬されていたという。

また、懐徳堂では、履軒の教え子であった両替商升屋の番頭小右衛門が、当時、鬼神の迷信に惑わされていた市民をその呪縛から解き放ち、自らものを考えて行動する人びとへ変えたいという思いを抱いていた。そして、封建体制下の迷信的な闇と夢に代える科学的な理性の言説として、天文学の科学的認識論を展開し、ライフワークとしての無鬼論『宰我の償い』を書き上げた。ところが、草稿に目を通した恩師である奇矯な履軒が、余計な御世話のアドバイスによって、当時としては過激でより挑発的な『夢の代（夢の代わりに）』と命名して世に出したといわれている。その番頭とは、山片蟠桃（ばんとう）である。この奇人・変人の師弟がともに、自分の「生き様」をユーモアのある遊び心をもった号に表しているところが、いかにも大阪人らしい茶目っ気があって面白い。

　このように大阪大学の歴史を創ってきた先人たちは当時、世間から奇人・変人と言われながら、自らの独自な志を立てることから始まり、その思いを行動に昇華していった方々がじつに多い。そうした独自の道をゆくことによって、市民社会にとって今までになかった望ましい方向性を見出し、具体的な社会的変革をもたらす成果を生み出してきたのである。

2．次の歴史の担い手たち

　本講義「大阪大学の歴史」に学んだ人たちは、多くの先達が果たしてきたように、さらなる望ましい未来を創造するため、一人ひとりが志を持って行動を起こし、次の歴史を創っていく担い手となっていくことが望まれるのである。

　さて、「地域に生き　世界に伸びる」をモットーとする大阪大学の学生たちは、どのような「生き様」を考えていったらよいのであろうか。21世紀に生きる魅力ある自分像をどのように描いていったらよいのであろうか。

　ここでは、自分軸（自己と向き合う）と世間軸（他者と関わる）という視点から、考えてみよう。まず、私たちはこの2軸の先に、どのような未来を描いているのであろうか。私たちの天空に煌めく、どのような星を自分の星あ

るいは私たちの星として見上げているのであろうか。西洋文学のなかでは、星（Stella）は４つの精神の力の象徴とされてきた[3]。１つは、人生の目標や道しるべとして。第２に、よりよく生きる希望の象徴として。第３は、高い理想の象徴として。第４は、憧れや清らかな愛として語られてきた。天空には無限の数の星が煌めいているが、天空を見上げずに日常に流されて生きる人はきわめて多い。それはじつに寂しいことである。かといって毎日、天空を仰ぎ見ながら生きるのも、結構しんどいものがある。あるいくつかの希望の星々を、生きる力の象徴として持ちながら暮らしていき、生きることに辛くなった時には、天空を仰ぎ見てみよう。自分の星や自分たちの星を見ていると、失いかけていた理想や消えかけていた希望の明かりを思い出し、きっと自分を取り戻さなくてはならないという、生きることの勇気や喜びの力を得ることができると思う。

　自分軸では、「３つの問い」に向き合ってみよう。一体、「自分は、何をしたいのか？自分は、何になりたいのか？」、時々、自分の魂の声に耳を傾け、その意志や思いを聴いてみよう。つぎに、「自分は、何が強みなのか？自分は、何が得意なのか？」、かけがえのない自分の資質や才能、能力を確かめてみ

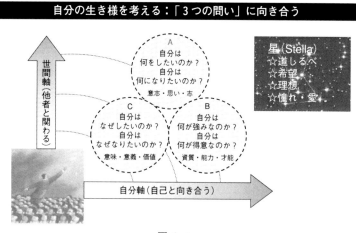

図18-1

よう。そして、「自分は、なぜしたいのか？自分は、なぜなりたいのか？」、もっと本質的なところにある自分の価値の拠り所を見極めてみよう。さらには、自分の価値観となる以前に切り捨ててしまいがちな、意義があるとか意味があるというところまで問うてみよう。

　世間軸では、他者や世間との関わり合いという視点から、もう一度「３つの問い」について考えてみよう。近年、家族、地域社会、職場における人と人とのつながりが希薄化し、良好な人間関係が築けずに、働くことの意欲や満足度が低下してきていることが、社会問題視されている。自分と他者や世間とのつながりに関心を持ち、関わり合いをつけていくことは、生きることの意味や意義を見出すことになっていく。この２軸から「３つの問い」に真摯に向き合い、絶えず問い続けていくと、最初は漠然としていたものが次第に明らかになってきて、やがて輝きを増した希望の星となっていくものである。

　かつての懐徳堂では、商人の生き様の拠り所となる「徳」の真なる意味を追求し、いかにして行動に移していくのかが真摯に研究され、世間（よのなか）との関わりから「経世済民」の志が育まれていった。すなわち世間を治め整える「経世」によって、人民を救済する「済民」を商人の道として、世間（よのなか）に広めていこうとしたのである。残念ながら今日では、「経世済民」の志の対象であった「世（よのなか）」と「民」が消えてしまった。抜け殻の「経済」という言語になってからは、人びとはその本来の意味をすっかり忘れ去ってしまっている。今や「経済」は、近代社会の金銭価値を主体とするエコノミーの意味だけになってしまった。

　同様に、緒方洪庵の志も、「世のため人のために心底尽くすこと」にあった[1]。そして、「医術の新知識を持って、人びとを病苦から救済する。」という思いが、適塾の開講という行動に移したのである。一説では、洪庵の号である「適々斎」は、世のため人のために尽くすことを、「自らの適（たの）しみとするところを適（たの）しむ」という生き様に由来すると解釈されているのが面白い。適々斎塾は、師と志を同じくする友との出会いと集い、人と人とのつながり

を適しみに適しんだ場であったといえるのではないだろうか。

　一方、21世紀に生きる阪大生たちは、阪大キャンパスをさまざまな志を持った人びととの出会いと集いの場として捉え、世間軸としての他者との関わりを促す偶然の出会いをデザインしていくことが必要なのではないだろうか。

3．阪大スタイルを考える

　大阪大学は、国立大学法人化に伴い教育目標の見直しを行い、新たな3つの目標を掲げた。「教養（Critical thinking）」「国際性（Trans-cultural communicability）」「デザイン力（Synthetic imagination）」である。これらは、市民社会にロイヤリティを持ち、市民社会においてコアとなる「阪大スタイル」の人材の養成を目指すものである。

　「教養」といっても市民社会に生きる社会的教養というものをいい、物事の善し悪しを見極めることができる健全な判断力とグッド・センスを身につけることをいう。「国際化」は、グローバル社会の中で、異なる文化や価値観の人びとと共生できる能力を育むことをいう。もっとも阪大らしさのあるのは「デザイン力」で、自由奔放な構想力と想像力を育むことである。これら3つの能力を身につけ、確かな基礎学力と専門知識を身につけたしなやかな専門家たちが、やがて「阪大スタイル」として称賛を持って世間から認知され、市民社会においてコアとなる市民のモデルとなることが望まれる。

　法人化移行に伴い、新しい教育目標を実現するために、「教養」については、「大学教育実践センター（2004年）」が設立された。「デザイン力」については、「コミュニケーションデザイン・センター（2005年）」、続いて「学際融合教育研究プラットフォーム（2006年）」を設立。「国際性」については、「グローバルコラボレーションセンター（2007年）」を設立し、大阪外国語大学との統合によって、「阪大スタイル」を目指す新制大阪大学の綜合的教育基盤ができあがったのである。

　こうした新たな教育基盤の上で、阪大生は、一人ひとりが独自の「阪大スタイル」を目指して、自ら考え、実践していくことが期待されているのであ

る。

4．市民社会における「対話ができるリーダーシップ」を目指して

　1949年、米国コロラド州アスペンで、ゲーテ生誕200年祭が開催された。当時シカゴ大学総長であったロバート・メイナード・ハッチンスの講演「『対話の文明』を求めて」は、参加した人びとに強い衝撃と共感を持って受け入れられた。いわく、「われわれの時代の特徴のうち、もっとも予期せざるものは、人の生き方において、あまねく瑣末化がゆきわたっていることである。(中略) 瑣末化は、目的意識のなさ、重要なものは何もないという感覚、そして信念の欠如に起因している。(中略) われわれの文明にとって最大の脅威は、無教養な専門家による脅威である。」[5] と。それから半世紀以上たった今日、私たちは、地球環境や国家間紛争などさまざまな深刻な問題に直面している。それらは、多くの無教養な専門家によって、真摯に「対話ができない」という事実が、その根本原因として存在しているといえるのではないか。

　さらに、2006年、通称「ダボス会議」として知られている世界経済会議(World Economic Forum) では、世界各地で直面している紛争課題は、これまでの自己正当化の論理力ではなく、想像力を活かしたデザイン思考力 (The Power of Design Thinking) でないと解決できないのではないかという考えが注目された。これらに共通している課題は、「対話ができるリーダーシップ」の欠如である。

　大阪大学では、2007 (平成19) 年から、「市民社会におけるリーダーシップ養成プログラム」を教職員が一体となって、企画立案・実施・展開してきている。このプログラムでは、多様な視点から課題が提起され、とくに自分と異なる意見を尊重して聴く力や豊かな想像力とデザイン力、善し悪しを見極める判断力を養成している。それによって、自分の見解や想定に固執することなく健全な疑問を自分自身に対しても投げかけることができ、他者との共通の理解と正当な解を探し出す共同の行為ができる、対話力の養成に努めている。こうした市民社会における「対話のできるリーダーシップ」を身につ

けた「阪大スタイル」の変化を起こすリーダーたちの養成が始まったのである。

　「阪大スタイル」は、世の中の変化に対応するといった受け身では決してない。「大阪大学の歴史」に学んできた先達のように、よりよい世の中にしていこうという高い志をもって、自ら変化を起こす行動をとることにある。かつて、適塾の塾頭を務めた福沢諭吉は、当時、極めつけの異端児であった。この異端児によって、それまでになかったさまざまな思想や仕組みを持ち込み、世の中に普及させて、知の開化という社会的革新をもたらしたのである。「出来難き事を好んで之を勤むるの心」を持った福沢諭吉自身、異端児であることを自認していたのであろう。「古来文明の進歩、そのはじめは皆いわゆる異端妄説に起らざるものなし。」[6] という言葉を残している。これは、近代演劇界の異端児ジョージ・バーナード・ショウの言葉「偉大な真実は、すべて最初は怪しげなものとみられながら始まるものである。」[7] に通じるものがある。

　終わりに、「大阪大学の歴史」に学んだ学生たち一人ひとりが、それぞれの独自の「阪大スタイル」を身につけて、市民社会における「対話ができるリーダーシップ」を目指されることを期待したい。さらに、高い志を持って一人ひとりが輝くことによって、それにつながる人びとが輝き、やがて世の中の何もかもが輝くような、望ましい未来を創造する担い手となっていくことを心から願ってやまない。

注

1 ）"A fool learns from his experience. A wise person learns from the experience of others." Otto von Bismarck, German Chancellor

2 ）「知は行のもとであり、行は知の発現である」という王陽明の唱えた学説。

3 ）今道友信『ダンテ『神曲』講義』みすず書房、2002年、276-277頁。

4 ）梅溪昇『緒方洪庵と適塾』大阪大学出版会、1996年、27頁。

5 ）日本アスペン研究所、パンフレットより引用。

6 ）福沢諭吉『文明論之概略』。

7 ）"All great truths begin as blasphemies" George Bernard Shaw

参考文献

・今道友信『ダンテ『神曲』講義』みすず書房、2002年

・梅溪昇『緒方洪庵と適塾』大阪大学出版会、1996年

・北康利『福沢諭吉　国を支えて国を頼らず』講談社、2007年

・Najita, Tetsuo『NEW HISTORY 懐徳堂』岩波書店、1992年

大阪大学略年表

西暦	和暦		月	事　項
1724	享保	9		三宅石庵を迎えて、懐徳堂を設立。
1838	天保	9		緒方洪庵が蘭学塾「適塾」を開く。
1869	明治	2	3 (2)	仮病院が発足。適塾は明治中期まで活動していたが、発展的に解消。
			12 (11)	大阪府医学校が開校。
1870			1 (12)	懐徳堂を閉鎖。
	明治	3	3 (2)	大阪府医学校病院が大学の直轄となり、大阪医学校と改称。
1872	明治	5	9 (8)	大阪医学校を第四大学区医学校と改称。
			10 (9)	学制改革のため第四大学区医学校を廃止。
1873	明治	6	2	大阪府病院を設立。
1879	明治	12	4	大阪府病院を大阪公立病院と改称し、院内に教授局を設置。
1880	明治	13	3	大阪公立病院を府立大阪病院と改称。教授局が分離され、府立大阪医学校となる。
1888	明治	21	1	府立大阪病院を廃し、府立大阪医学校は大阪医学校と改称。校中に教授部・病院を設置。
1896	明治	29	5	大阪工業学校を設置。
1901	明治	34	5	大阪工業学校を大阪高等工業学校と改称。
			6	大阪医学校を大阪府立医学校・大阪府立医学校病院と改称。
1903	明治	36	9	大阪府立医学校、大阪府立医学校病院を大阪府立高等医学校、大阪府立高等医学校病院と改称。また、本科に予科を付設。
1913	大正	2	8	財団法人懐徳堂記念会を設立。
1915	大正	4	10	大阪府立高等医学校を府立大阪医科大学と改称。
1917	大正	6	3	専門学校令による私立大阪薬学専門学校を設置。
1919	大正	8	11	府立大阪医科大学を廃し、大学令により大阪医科大学の設立認可。病院も大阪医科大学病院と改称。
1920	大正	9	7	私立大阪薬学専門学校を大阪薬学専門学校と改称。
1921	大正	10	11	大阪高等学校を設置。
			12	大阪外国語学校を設置。
1926	大正	15	3	府立浪速高等学校を設置。
1929	昭和	4	4	大阪高等工業学校が大阪工業大学に昇格。
1931	昭和	6	5	大阪帝国大学を創設（医学部・理学部）。
1933	昭和	8	3	大阪帝国大学に工学部を設置し、大阪工業大学を廃止。
1934	昭和	9	9	微生物病研究所を設置。
1939	昭和	14	5	7帝国大学・5医科大学に臨時医学専門部を併設。本学は医学部構内に設置。
			11	産業科学研究所を設置。
1942	昭和	17	10	史跡「緒方洪庵旧宅及塾」が日本生命・緒方銈次郎により国に寄贈され大阪帝国大学の管理下に。
1944	昭和	19	1	音響科学研究所を設置。
			4	大阪外国語学校を大阪外事専門学校と改称。
1947	昭和	22	9	国立総合大学令により大阪帝国大学を大阪大学と改称。
1948	昭和	23	9	法文学部を設置。
1949	昭和	24	5	国立大学設置法公布・施行に伴い、新制大学として大阪大学・大阪外国語大学を設置。大阪大学の学部は文・法経・理・医・工の5学部となる。

				大阪高等学校が包括、大阪府立浪速高等学校が併合され、一般教養部（南校、北校）となる。大阪薬学専門学校も合併され大阪大学附属薬学専門部となり、これと別に医学部に薬学科を設置（4月）。大阪外国語大学に外国語学部を設置。
1950	昭和	25	3	大阪・浪速両高等学校を廃止。
1951	昭和	26	3	歯学部を設置。附属薬学専門部と附属医学専門部を廃止。音響科学研究所を廃止し、産業科学研究所に統合。
1953	昭和	28	3	国立大学に新制大学院が設置され、大阪大学には文・法・経・理・薬・工の6研究科を設置。
			8	法経学部を法学部と経済学部に分離。
1955	昭和	30	5	薬学部を設置（医学部薬学科を分離独立）。
			7	大学院医学研究科を設置。
1957	昭和	32	6	学内措置として一般教養部を教養部と改称。
1958	昭和	33	3	蛋白質研究所を設置。
1959	昭和	34	4	大阪外国語大学短期大学部（夜間・修業年限3年）を設置。
1960	昭和	35	4	大学院歯学研究科を設置。教養部の北校・南校を統合し、分校と称す。南校校舎は閉鎖。
1961	昭和	36	3	基礎工学部を設置。
			5	大阪大学附属工業教員養成所を設置（1969年2月閉鎖）。
1963	昭和	38	4	文部省令国立学校設置法施行規則一部改正により教養部を法制化。
1964	昭和	39	4	大学院基礎工学研究科を設置。
1965	昭和	40	3	大阪外国語大学に外国語学部第二部を設置。
1966	昭和	41	4	社会経済研究所を設置。
			5	大阪大学吹田移転敷地造成工事起工式挙行。以後1980年代までに、大阪府下に散在していた事務局、工学部、薬学部、医学部、同附属病院、人間科学部、各研究所などが吹田地区に移転。
1967	昭和	42	6	医療技術短期大学部を設置（1996年3月閉学）。
1969	昭和	44	4	大阪外国語大学大学院外国語学研究科を設置。
1972	昭和	47	5	人間科学部、溶接工学研究所（1996年5月、接合科学研究所と改称）を設置。
1974	昭和	49	4	言語文化部を設置（2005年3月廃止）。
1976	昭和	51	4	大学院人間科学研究科を設置。
1981	昭和	56	4	健康体育部を設置（2005年3月廃止）。
1989	平成	元		大学院言語文化研究科を設置。
1993	平成	5	4	大阪外国語大学外国語学部第一部及び第二部の全学科を国際文化学科・地域文化学科の2学科に改組、各学科に昼間主コース・夜間主コースを設置。
1994	平成	6	3	教養部を廃止。
			4	全学共通教育機構（2004年3月廃止）、大学院国際公共政策研究科を設置。
1995	平成	7	4	大学院重点化が理学・工学両研究科で開始。以後20世紀末までに基礎工学・経済学・医学・文学・薬学・法学・人間科学・歯学の各研究科も大学院重点化。
1997	平成	9	4	大阪外国語大学大学院外国語学研究科を廃止し、大学院言語社会研究科を設置。
1998	平成	10	4	大学院医学研究科を大学院医学系研究科に改組。
2002	平成	14	4	大学院情報科学研究科、大学院生命機能研究科、総合学術博物館を設置。
2004	平成	16	4	国立大学法人大阪大学・国立大学法人大阪外国語大学に移行。大学院高等司法研究科、大学教育実践センターを設置。
2005	平成	17	4	コミュニケーションデザイン・センターを設置。
2007	平成	19	10	大阪大学と大阪外国語大学が統合。外国語学部、グローバルコラボレーションセンターを設置。

注：明治5年以前は、陰暦月を（）内に示した。

編集後記

　本書は、大阪大学全学共通教育先端教養科目「大阪大学の歴史」の教科書として利用することを念頭に置いて編集したものである。平成20年度の授業構成を基本としつつも、本書では授業では取り上げることのできなかった部局についても取り上げ、受講生をはじめ一般読者の方に大阪大学全体の歴史が興味深く理解できるように配慮した。そのため、授業担当者以外にも執筆していただいた。大阪大学の学生のみならず、教職員にとっても、大阪大学の一員としてのアイデンティティを確立するために役立てられればと思う。さらに、大阪大学への進学を目指す高校生や一般の方にも本書を読んでいただき、大阪大学についての理解を深めていただければ幸いである。

　「大阪大学の歴史」の講義は、本書の編者の1人である高杉英一が中心となって、平成18年度から開講した。その経緯については、高杉英一「講義科目『大阪大学の歴史』を始めて」（『大阪大学文書館設置準備室だより』第2号、2008年、http://www.osaka-u.ac.jp/jp/facilities/archives/oua_letter02.pdf)を参照していただきたい。

　本書は、全学共通教育科目「大阪大学の歴史」を立ち上げた高杉が中心となり、大阪大学文書館設置準備室の阿部武司と菅真城がともに編集にあたった。文書館設置準備室は、平成18年に設置された小規模な組織であるが、近い将来に資料公開を伴う本格的な文書館（仮称）設置を目指して活動している。本書執筆にあたっても、文書館設置準備室所蔵資料は活用したが、法人文書を中心とする資料収集・保存等の大学アーカイブズ活動をさらに続けることによって、将来的には、本書の内容もより充実したものに書き変えられるであろう。なお、本書の編集にあたっては、文書館設置準備室の田村綾さんの協力を得た。

　末筆ながら、大阪大学出版会の大西愛さんに感謝の言葉を捧げたい。大西

さんは、かつて『大阪大学五十年史』の編纂に従事され、またアーカイブズにも詳しく、本書の作成を助けていただいた。また、カバー画は、本書のために菊井恵子さん（大阪大学大学院言語文化研究科）にお願いして新たに描いていただいた。記して感謝申し上げる。

2009. 3. 1

高杉英一
阿部武司
菅　真城

編者・執筆者紹介 (執筆順)

高杉 英一 大阪大学理事・副学長

阿部 武司 大阪大学大学院経済学研究科教授、経済学研究科長
文書館設置準備室長

菅 真城 大阪大学文書館設置準備室講師

江口 太郎 大阪大学総合学術博物館教授、総合学術博物館長

湯浅 邦弘 大阪大学大学院文学研究科教授

芝 哲夫 大阪大学名誉教授

加藤 四郎 大阪大学名誉教授

多田羅浩三 放送大学教授、大阪大学名誉教授

碓井 建夫 大阪大学大学院工学研究科教授

中尾 敏充 大阪大学大学院法学研究科教授、法学研究科長

村田 路人 大阪大学大学院文学研究科教授

脇坂 聡 大阪大学大学院歯学研究科教授

馬場 明道 大阪大学大学院薬学研究科教授

伊藤 正 大阪大学大学院基礎工学研究科教授

久保井 亮一 大阪大学大学院基礎工学研究科教授

小泉 潤二 大阪大学大学院人間科学研究科教授、理事・副学長

南田みどり 大阪大学世界言語研究センター教授

杉本 孝司 大阪大学大学院言語文化研究科教授、外国語学部長

高橋 明 大阪大学世界言語研究センター教授、世界言語研究センター長

三原 健一 大阪大学大学院言語文化研究科教授

高階 美行 大阪大学世界言語研究センター教授

木川田一榮 大阪大学大学教育実践センター教授

(所属は執筆当時のもの)

大阪大学新世紀レクチャー

[オンデマンド版] 大阪大学の歴史

2009年3月31日　　初版第1刷発行　　　　　　　　　[検印廃止]
2020年10月14日　　オンデマンド版発行

編著者　高杉英一・阿部武司・菅真城
発行所　大阪大学出版会
代表者　三成賢次
〒565-0871　吹田市山田丘2-7
大阪大学ウエストフロント
電話　06-6877-1614 FAX　06-6877-1617
URL:http://www.osaka-up.or.jp
組　版　亜細亜印刷株式会社
印刷・製本　株式会社遊文舎
カバー画　菊井恵子

ⓒ E. Takasugi, T. Abe and M. Kan　2020　　　　Printed in Japan
ISBN978-4-87259-724-0　C3021